"十二五"国家重点图书出版规划项目

国家科技支撑计划课题（2012BAH33B05）成果

中国国际扶贫中心
International Poverty Reduction Center in China

国际减贫与发展丛书
THE INTERNATIONAL POVERTY REDUCTION AND
DEVELOPMENT SERIES

# 贫困地区农村

## 基础教育资源配置公平性研究

RESEARCH ON EQUITY OF RESOURCES ALLOCATION OF
PRIMARY EDUCATION IN POVERTY-STRICKEN AREAS IN RURAL CHINA

余　漫　著

社会科学文献出版社
SOCIAL SCIENCES ACADEMIC PRESS (CHINA)

# 摘　要

　　基础教育公平具有起点意义，是社会公平、和谐发展的基础。近年来，国家把统筹城乡教育资源配置作为基础教育均衡发展的重要突破口。面对公平与效率的权衡，地方政府在将教育资源投往城镇或农村的选择上陷入了两难境地。尤其是在农村人口大量流入城镇的背景下，由于缺乏"可行能力"，部分农村居民不能平等地获取和享受基础教育这类基本的公共服务，这会进一步加剧城乡之间的不公平状况。本书的研究目的在于以公平与效率的视角，阐明目前城乡基础教育资源配置中的主要问题，深入探讨解决公平性问题的方法，为城乡基础教育资源的均衡配置提供切实可行的解决办法。基于以上目标，本书研究的主要内容以及结论包括以下几方面。

　　（1）通过梳理近 30 年来基础教育财政体制与政策的演变，总结了农村基础教育投入政策经历的适应性改进。劳动力及其子女大量由农村迁移到城镇，实际上对城乡分割背景下的基础教育资源配置提出了新的挑战，这表明地方政府不仅需要从制度支持的角度进一步消除人口流动障碍，促进城乡融合，而且有必要从可行能力的视角出发，关注农村弱势群体的基础教育公平问题。

（2）以农村义务教育资源布局调整政策为背景，运用统计数据和实地调研资料，结合相关案例，描述了自2001年以来农村所面临的中心校资源集中、"点校"运行困难以及资源投入的城镇偏向等种种农村内部及城乡之间的"不公平"问题。通过建立全国30个省份1998～2010年农村小学学校数量变化影响因素的面板模型，验证了"效率优先"的导向是地方政府大规模撤并农村小学的真正原因。

（3）利用河南、甘肃两省三县实地调研数据，通过建立实证模型，验证了迁移与非迁移两类农村家庭中，决定子女就学地选择的关键因素是收入水平。依照森的可行能力理论，结合现阶段我国城乡基础教育在经费水平、办学条件与师资力量方面差距的情况，得出在农村居民群体中存在着缺乏可行能力导致的选择权利受限，造成实质上的不公平，进一步从农村内部扩大了城乡差距的结论。

（4）回顾我国教育财政体制和筹资机制的发展，结合地方政府行为偏好理论，验证了现行的农村基础教育财政体制对地方政府的激励不足，地方政府存在过度依赖中央转移支付的情况。通过对行为偏好的分析，发现地方政府在教育资源投入中更重视人员经费，从而得出了农村基础教育中，公用经费比人员经费的供给可能面临更加严峻形势的结论。据此，本书为实现人口流动背景下的城乡基础教育均衡发展提出了"采用激励机制鼓励地方政府加大农村公用经费投资力度，并严格限制预算内外经费数量比例"的政策建议，同时也为中国城镇化过程中其他公共服务政策的调整提供了借鉴。

　　本书最后对我国贫困地区的农村和城镇化的实际情况进行了总结，提出了进一步研究的思路。

# Abstract

Given the fundamental status, equity of primary education is the foundation in promoting social development in a harmonious way. Allocation of education resources between urban and rural area is the most essential component for a balanced situation of primary education. There is a 'trade-off' between equity and efficiency about provision of public goods, causing a tough challenge for government to decide whether to allocate resources to urban or to rural area. Especially, the migrating flow has been growing rapidly and changing from the workers only to the workers' family since the early 90s of the 20th century, which tends to strengthen the provision problem. Rural residents who are lack of 'Capacity' to have access to obtain basic public services, such as primary education, will encounter unequal competition, blocking social mobility and exacerbating the state of urban-rural disparities. Thus, this paper aims at analyzing the current main difficulties in the angle of equal and efficiency about allocating the education resources between urban and rural area in the context of massive mobility of labor force, and attempts to figure out a feasible way to balance public provision and allocation of resources of primary education between urban and rural area. Based on the aim mentioned above, this research contains contents and conclusions as follows:

(1) The research analyzes the transformation of the financial policy for the primary education through three decades, summarizing the influences of the population mobility on allocation of education resources for the urban and rural area. Analysis shows that under the circumstance of urban-rural division, the fact population migrant from countryside to city or town has raised new challenges to the allocation of education resources. This paper focuses on county level, demonstrating government not only needs to remove the barricades for population mobility and accelerate the urban-rural fusion on the aspect of institutional support, but should also focus on the equity of the primary education for the vulnerable groups in rural area.

(2) Through combining the statistic data and the material collected from field research with related cases, the study describes the inequity situation within rural and between urban and rural areas since 2001, puts forward the hypothesis that local government's behavior is oriented by efficiency, and verifies it with the panel data of 30 provinces in 1998-2010. The

result shows that pursuing achievement in the level of urbanization, limitation of fiscal ability and preference about expenditure are the real incentives to push local governments to implement the policy in a large-scale extent to rural primary school.

（3）This paper investigates effect factors of the expense on children's primary education and financial burden in rural family. Based on the County-level data collected from field research in Henan and Gansu province, verifies income level was a determinant of migration choice of rural families. These conclusions reveals that the inadequate capacity leads to the limitation of free choosing, causing the substantial inequity, which aggravate the inequity in acquisition of public resources among vulnerable groups in rural areas according to Sen's capacity and entitlement theory and the description of urban-rural disparities on funds level, school conditions and faculty in current China.

（4）This study also reviews the fiscal system of education and the mechanism of fund raising, incorporating with local government's behavior preference theory. Through estimating the provincial-level panel data from 2000 to 2010 in Mainland China, the result investigates a Crowd-out effect between budgetary and extra-budgetary expenditures per capital for elementary education in rural areas, and reveals different relevancies between Extrabudgetary and per capita revenue of local government in general spending and personnel spending.

Local government privileges personnel expenditure, which puts general expenditure ata higher risk to inadequacies in rural elementary finance schools. Accordingly, the author provides the policy suggestion of " adopting the stimulating mechanism to encourage the local government to increase the investment on the general expenditure, and strictly control the ratio between the expense between budgetary and extra-budgetary" . In the meanwhile, this research serves as a reference for adjusting other public services in the process of Chin Finally, the author summarizes the research and proposes related policy suggestions and the approach for further study.

# 目　　录

第一章　导言 ……………………………………………… 1
　第一节　研究背景和研究意义 …………………………… 1
　第二节　文献综述 ………………………………………… 5
　第三节　研究方法 ………………………………………… 14
　第四节　研究目的和研究内容 …………………………… 16

第二章　分析的逻辑框架：基础教育投入的公平与
　　　　效率问题 ………………………………………… 19
　第一节　基本观点 ………………………………………… 19
　第二节　理论分析 ………………………………………… 20
　第三节　本章小结 ………………………………………… 32

第三章　人口迁移对农村基础教育的挑战 …………… 37
　第一节　改革开放以来农村义务教育投入
　　　　　政策的演变 ……………………………………… 37
　第二节　中国的城镇化与人口迁移 …………………… 51
　第三节　本章小结 ………………………………………… 56

第四章　学校撤并：政府应对农村生源减少的措施
　　　　及其效率导向的动机探讨 …………………… 58
　第一节　农村学校布局调整的背景与政策 ………… 60

第二节　农村学校布局调整政策的实施
　　　　带来的影响 …………………………………… 61
第三节　地方政府"撤并"农村学校的行为分析 … 73
第四节　本章小结 ………………………………………… 80

第五章　农村家庭子女城乡就学地选择的公平性问题：
　　　　基于可行能力理论的分析 ………………… 83
第一节　保障基础教育公平的必要性与重要性……… 85
第二节　就学地选择对城乡基础教育资源配置
　　　　公平性的影响……………………………………… 88
第三节　农村居民家庭教育相关支出与
　　　　公平问题分析 ……………………………………… 112
第四节　本章小结 ………………………………………… 126

第六章　教育投入的结构性问题及公平性的
　　　　解决之道 ………………………………………… 129
第一节　我国教育财政体制和投入结构 …………… 130
第二节　地方政府对农村基础教育的预算内外投入
　　　　行为研究 ………………………………………… 136
第三节　本章小结 ………………………………………… 150

第七章　结论与讨论 ……………………………………… 153
第一节　主要结论 ………………………………………… 153
第二节　讨论与建议 ……………………………………… 155

参考文献 ……………………………………………………… 160

附　　录 ……………………………………………………… 167

# 第一章　导言

## 第一节　研究背景和研究意义

基础教育资源的均衡配置问题是近年来媒体与学术界热议的焦点与难点。2006 年新修订的义务教育法实施后，我国的基础教育领域取得了重要的成就。首先，免费基础教育在我国城乡全面普及；其次，2011 年所有省（自治区、直辖市）通过"普九"验收，人口覆盖率达到 100%；最后，一些特殊群体的权利保障，如进城务工人员子女的教育权利保障工作，在相关法律法规上得到了落实，包括"以输入地为主，以公办学校为主"为原则，推动流动人口随迁子女在城市公平地接受义务教育等规定的制定和实施。

为深入贯彻党的十八大和十八届三中全会关于"统筹城乡义务教育资源均衡配置，加快缩小区域、城乡教育差距，促进基本公共服务均等化"的精神，政府不断加大教育领域的投入，尤其是针对部分贫困地区以及薄弱学校提高办学条件的支持力度。2006 年，在全国范围内实施了"农村义务教育经费保障机制改革"(以下简称"新机制")。这项政策提高了农村中小学公用经费标准,全面免除了义务教育阶段费用,并决定在农村中小学危房改造、寄宿制学校建设及中小学生营养工程等方面,安排专项资金进行改造和实施。2009年到2012年实施的校舍安全工程,中央安排专项资金300亿元,地方政府投入3500亿元。"新机制"将农村义务教育全面纳入财政保障范围,改善了农村学校的办学条件,基本上解决了农村适龄儿童"上学难"的问题。

在"地方负责,以县为主"的基础教育财政体制下,我国城乡间的基础教育资源配置出现了新问题。截至2012年底,我国城镇化率已达到52.57%,城镇人口约7.2亿。作为城镇化的一个重要表征,我国农村外出务工人口的数量庞大。中国社会科学院的研究成果"社会蓝皮书"《2014年中国社会形势分析与预测》中指出,2013年前三个季度,农村外出务工劳动力达到17392万人,比2012年增加了525万人,同比增长3.1%。依照教育部公布的统计数据,2010年我国约有1.5亿名基础教育阶段的适龄儿童,他们当中一部分随家长迁移到城镇就学,另一部分仍然要留在农村,这其中有53.82%的小学生和33.82%的初中生属于留守农村就学的情况。一方面,农村学校的生源流失严重。以农村小学为例,1990年到2010年农村小学生数量占全国小学生数量的比例,从78.39%下降至53.82%,减少了42454146人。随着生源的流失,原来有数百名在校生的学校逐渐变成在校生人数不足10人的"点校",有些学校甚至由于没有生源而直接荒废。另一方面,和农村地区学校凋敝的状况相反，城镇学校因为大量随迁儿童的涌入，出现班额接近或者超过百人的现象，近 20 余年来接近 2000 万适龄儿童的流入，考验着城市教育资源的容纳能力。大量生源从农村流向城镇，将对我国长期以来实行的二元分割的公共服务供给体制，以及存在财力约束情况的财政供给制度提出新的挑战。

为了适应人口流动带来的农村生源骤减的问题，2001 年 3 月 26 日教育部、财政部下发《关于报送中小学布局调整规划的通知》（教财函〔2001〕32 号），地方政府在"优化教育资源配置，提高义务教育资源配置效率"的政策指导下，开始了继《中华人民共和国教育法》颁布以来第一次全国范围内大规模的农村学校"撤并"。政策实施之后的 10 年间，有关农村学生交通安全事故频发、辍学率上升以及留守儿童教育问题的报道频频见诸报端，与此相对应的是县城学校班额超标和寄宿制管理混乱等突出问题，以上情况在学术界引发了又一轮有关基础教育资源城乡配置公平与效率权衡问题的争论。

面临人口结构、经济结构和社会结构转型的当今中国，城乡一体化将是社会、经济和文化和谐发展的必由之路。随着这一过程中经济发展和城乡融合的社会发展，我国的教育供求关系紧张的"短缺教育"的现实也由"短缺经济"下的总量性短缺，演变成"体制性"、"结构性"和"总量"短缺并存的局面（谈松华，2001）。在现阶段城乡二元分割的体制下，为数量庞大的流动人口群体提供与城镇居民无差别的医疗、教育和社会保障等公共服务的同时，保证留守人口对相应公共服务的需求，实现城乡之间的统筹发展，需要强化政府在资源配置中对公平与效率关系的调节作用。

《国家中长期教育改革和发展规划纲要（2010～2020年）》中明确指出，今后教育工作的重点是促进义务教育均衡发展和扶持困难群体，根本措施是合理配置教育资源。并提出，要将教育资源"向农村地区、边远贫困地区和民族地区倾斜，加快缩小教育差距"，"建立城乡一体化义务教育发展机制，在财政拨款、学校建设、教育配置等方面向农村倾斜"。而且，特别强调了，"率先在县（区）域内实现城乡均衡发展，逐步在更大范围内推进"。

因此，本书将研究重点定位在县域范围内，以城镇化和人口迁移为背景，从贫困地区地方政府在实施农村教育资源布局调整等具体政策时的行为分析入手，结合人口迁移行为可能对现行城乡教育资源配置的公平性产生的影响，从供给和需求两方面，分析经济条件和制度条件约束下的具体政策可能产生一系列的后果。最后在以上研究结果的支持下，针对"优化基础教育资源配置，保证贫困地区、农村地区基础教育供给"的相关政策建议，从"体制"和"政府偏好"的视角给出一个实证检验和合理解释，探讨制定公共政策时，如何能够在体制的制度约束及财力制约下，寻找一条兼顾公平与效率，统筹发展城乡的基础教育供给，从而探索实现城乡基础教育均衡发展目标的道路，期望能为我国城镇化和迁移人口的其他公共服务投入政策的制定提供借鉴与参考。

2014年12月，习近平总书记在中央经济工作会议上指出，"扶贫工作事关全局，必须高度重视。要让贫困家庭的孩子都能接受公平的有质量的教育，不要让孩子输在起跑线上，尽力阻断贫困代际传递"。[①]

2015年2月习近平总书记在陕西延安杨家岭考察时指出，"教育很重要。革命老区，贫困地区要脱贫致富，从根儿上还是要把教育抓好，不能让孩子输在起跑线上。国家的资金会向教育倾斜，向基础教育倾斜，向革命老区基础教育倾斜"。[②]

本书为国家科技支撑计划课题"扶贫开发资源优化配置技术与示范应用"中的基础教育资源优化配置提供了理论和方法基础。

## 第二节  文献综述

### 一  城乡二元分割制度背景下城乡公共服务资源配置的逻辑和可能的转变路径

以人口持续、大规模从农村流向城镇为标志的"高速"城镇化实际上带来了诸多问题，表现为与传统发展经济学理论相悖的"谜"，如我国的城市化水平滞后于工业化发展水平，城乡差距、城市内部与外来职工工资差距持续扩大等（蔡昉等，2003；Fujita et al.，2004；路江涌、

---

① 《习近平在2014年中央经济工作会议上的讲话》，http：//he. people. com. cn/n/2014/1212/c192235-23199399. html。

② 习近平：《脱贫致富从根儿上要把教育抓好》，http：//news. eastday. com/c/20150215/u1a8584546. html。

陶志刚，2006；Au and Henderson，2006），实际上是劳动力从农村转移到城镇的"事实上的城市化"① 和以二元结构为背景和根源所导致的，与这种城市化水平不相称的城乡间利益分配不均衡状况之间矛盾的外在表现。

从制度层面上看，我国尚未完全放开的要素市场与已经放开的市场经济发展之间的冲突，阻碍了我国公共服务供给城乡融合（陆铭，2012）。这种制度制定的滞后与分割形成的城市经济社会系统和农村经济社会系统，以及两个系统拥有的不同的政治（政治选举等）、经济（工农业产品比价不合理、城乡劳动市场分割等）、社会（教育、医疗等公共服务供给及社会保障差距等）发展状况严重限制了我国社会主义建设事业的发展。

蔡昉（2003）认为能够有效地把农村人口控制在城市体制之外的"户籍制度"，实际上是保障城市福利体系诸如住房、医疗、教育、养老等政策，以及城市劳动力全面就业的劳动就业制度的核心。如果这种传统的城乡利益格局不从根本上打破，如城乡间的游说机制和谈判地位的不平衡，使得城乡资源配置的机会不平等，进一步导致收入和福利的差距。

在城乡"二元结构"制度体系下，城市和农村之间实行的两套不同的公共服务供给体制造成的"历史性欠账"问题（叶子荣、刘鸿渊，2005），正在继续通过体制的原

---

① 城镇化是由农村人口和各种生产要素不断向城镇集聚而形成的经济结构、生产方式、生活方式以及社会观念等向城镇性质演变的过程的综合性概念。

因，加深城乡人口在经济收入和社会地位方面的显著差异（王蓉，2004），进一步从数量和质量上恶化城乡间公共服务供给和获得的不公平性。

因此，一些研究提出，针对长期以来我国城市和农村分别实施的"政府主导型"和"农民自保型"的差别化公共服务供给制度，应从根本上扭转"重城轻乡"的公共服务供给观念，逐步建立健全政府财力向农村倾斜的机制，从而实现城乡公共服务统筹供给（王谦，2009）。打破城乡之间的政治、经济和社会发展的制度隔离，转变城乡不均衡发展格局的思路，促进城乡融合将是符合我国经济与社会和谐发展目标的必经之路。

## 二 公共服务"均等化"和城乡基础教育投入主体及方式

2006 年，党的十六届六中全会通过《中共中央关于构建社会主义和谐社会若干重大问题的决定》进一步提出"完善公共财政制度，逐步实现基本公共服务均等化"。对于"均等化"的概念，李华（2005）认为，公共品供给均等化是一个以"公平"为主要内容的概念。根据公共品需求的城乡差异，将公共品分为基础性公共品和差异性公共品，提出基础性公共品的"均等化"应按照公共品的数量和质量进行衡量，实现结果的均等，即"平均理念"；差异性公共品"均等化"应达到效用最大化的判断标准，即"效用均等"。另外一类有代表性的观点认为，作为公共财政的基本目标和政府部门的重要政策定位，政府应该为社会公众提供基本的、在不同阶段具有不同标准的、最终大致均等的公共服务（迟福林、方栓喜等，2008）；或者说政府应当尽可能满足全国人民在公共服务领域的基本需求，将差距控制在可以接受的范围之内，保障居民的基本权利（唐钧，2006）。有研究直接指出，公共服务均等化就是政府及其公共财政要为不同利益集团、不同经济成分或不同社会阶层提供一视同仁的公共服务，包括涉及的收益分享、成本分担及财力均衡等各个方面内容（江明融，2006）。

早期"城市居民基础教育由政府承担，农村居民的基础教育由农民自筹经费办学"的基础教育供给模式，引发了围绕基础教育均等化的公共资源配置问题的种种讨论。越拉越大的城乡基础教育资源配置不均衡的现象，成为我国经济社会问题的焦点与难点。

通过测算，王莹（2009）发现，我国区域和各省的基础教育服务不均等呈普遍下降趋势，在城乡的分析中，结果恰恰相反。从公共财政的供给角度上来说，应当立足于财政公平的概念，从以往对城市和农村实行"区别对待"适时切换到"国民待遇"的路线上。也就是说，一定社会条件下，人们可以享受到最低水平的基础教育服务，不排斥地区间服务质量、数量和效果的差异（王莹，2007）。

在以上论点的支持下，部分研究提出"完善财政转移支付制度，达到区域、省际和城乡间横向均等的最终政策目标"，是实现公共服务均等化供给的主要途径。比如在政策设计的长期思路方面，吕炜等（2008）在供给能力和需求框架下，研究制定城乡公共服务均等化保障机制，发现政府供给能力在我国公共服务提供水平的决定中居于主导地位，公共需求的影响微乎其微，因此判定我国各省级政府的公共服务供给模式基本上属于供给导向型，而非依据公众对于公共服务的需求提供公共服务。在此基础上提出了中短期可能更多地依靠中央政府转移支付方式调节地方政府的公共服务供给能力。长期来看，更应该考虑通过改善落后地区的经济发展和自身财政状况提出改善公共服务提供能力的公共服务均等化供给方案。本书的另外一个重要结论是，城镇化所释放出来的农村居民对于公共服务需求的增长，虽然得到了公共服务支出的反应，但这种反应的来源可能是传统城乡差别管理体制。另外，该研究并未就政府偏好以及中央转移支付的作用机理做进一步的说明。

具体到城乡基础教育的均等化供给，李凌等（2008）依据罗尔斯补偿原则设计了教育均等化财政政策目标，测算出农村基础教育合意的财政需求水平和转移支付数量，得出了"生均支出水平地区间差异较大，应当先解决省内城乡差异"的结论。姚莉（2008）的研究建立在县级政财力无法承担和协调城乡差距的基础上，试图构建以省级财政为主导的基础教育财政投入体制。王莹（2006）结合中央政府和地方政府的转移支付资金的目标和用途，提出了发挥省级政府在统筹制定辖区内农村基础教育发展规划方面的责任，依照世界银行（1999）关于"中央—省—县—学校"的模式，由县级政府作为基础教育地方财力的主要支撑者。

然而，由于我国实行"地方负责，以县为主"的基础教育供给财政机制，除"中央－地方转移支付机制设计"

以外，为了能够更加深入地理解基础教育资源配置的均等化实现过程中的难题和改进方向，更多的研究将关注重点转移到界定不同层级的财政主体"财权"和"事权"的划分，和对实际政策执行中不同供给主体对自身职责的履行的分析上。

## 三 分权财政体制下的地方政府基础教育资源投入分析

"制度"对我国经济的高速发展做出巨大贡献（周黎安，2007）。深入理解和全面改善我国城乡间基础教育等公共服务资源配置问题，还需要从基础教育财政体制所处的制度环境两个方面进行分析。

以"经济分权和垂直的政治管理体制紧密结合"为核心内涵的"中国式分权"，在基于政绩考核的政府竞争环境下，造就了地方政府公共支出结构中"重基本建设，轻人力资本投资和公共服务"的明显扭曲（傅勇等，2007）。也就是说，分权财政体制并没有改善全国城乡间的基础教育供给的均衡程度，甚至在一定程度上导致了更加不均衡的状态。

作为自 1978 年以来整个改革体系中关键因素之一的"财政分权"，对促进我国地区经济增长发挥了重大的推动作用。针对财政分权对于我国社会总体福利的改善问题，不少研究指出地方政府间日趋激烈的竞争可能对社会总福利造成负面影响。例如，West 和 Wong（1995）的研究发现，财政分权导致配置在卫生和教育的公共支出减少，尤其在贫困地区，明显恶化了当地居民的福利状况。

具体到我国的财政体制沿革，为了改变 1988 年之后财政"过度分权"的状况，[①] 1994 年的分税制明确划分了不同层级政府的财政资源，[②] 改变了原有中央、地方以及非政府部门间财政等资源的配置关系的同时，还带来了两个显著的后果：第一，更多的资源从政府部门流向非政府部门；第二，虽然地方政府预算支出占总的政府预算支出比重不断增大，但是各省份间的财政收入不平衡状况有所加剧。一些贫困省份的财政收入甚至无法维持其最基本的公共服务供给，比如许多省份的基础教育需要中央政府的教育专项转移支付得以为继（乔宝云、冯兴元，2005）。

以上述分权财政体制为背景，在"以县为主"的基础教育投入体系和"多元化筹资"体制的框架下，刘芳（2008）的研究结果表明，财政分权降低了国家财政性教育经费中中央支出所占比重，减弱了粘蝇纸效应对政府财政支出增加程度的影响，并最终导致义务教育投入总水平的下降。乔宝云等（2005）认为中国财政分权并没有带来地方小学义务教育水平的提高，并简要分析了内在机制，即"人口流动性障碍使得财政分权对地方政府提供社会服务的

---

① 中央政府规定 1988 年之后地方政府完全可以控制本地区的财政可支配支出的范围。

② 1994 年的"分税制"实施如下分享办法：第一，增值税和消费税作为主要收入来源，用统一的分税支付取代以前固定上缴的办法，增值税的 25% 属于地方政府、75% 属于中央政府，下一年增加部分的 30% 留归地方政府所有；第二，中央企业主要是国有大型企业的所得税属于中央预算，其他企业的所得税属于地方预算；第三，低收入项目如个人所得税（2002 年个人所得税改为中央与地方分享，分享比例为 50：50；2003 年分享比例进一步改为 60：40）、一些财产税等属于地方预算。

激励大为减弱，贫困地区的政府往往更加忽视当地居民对教育、卫生等方面的公共需求"。周业安等（2008）从收入分权和支出分权两个角度，验证了与高等教育和中学教育相比，小学教育投入水平几乎不受财政分权体制的影响。另外，以上研究对在现有制度框架下，"适度财政集权"和"将义务教育、公共卫生及社会保障等社会服务的财政支出责任从较低层级转移到较高层级"的观点均表示支持，还提出运用中央政府的协调作用，和对贫困地区实施相应的专项转移支付的办法来改善诸如教育这类公共服务的供给状况。

针对"基础教育服务职能的政府负责层级不能放置太低，否则无法解决外溢效应"的结论，一些学者对上述"提高供给层级，加大转移支付力度，保障农村基础教育供给"的论断进行了进一步的分析。如林万龙（2009）在实地调研资料的基础上，对乡、县及省级以上财政对农村公共服务的供给能力进行了分析。结果表明，乡级财政主要维持乡镇行政机构的运转，县级财政保障了公共服务机构的运转并提供日常的公共服务需要，而农村中的公共建设主要依赖于省级以上财政。因此，现阶段的农村公共服务的供给中，尤其是对于中西部地区来说，中央财政在农村公共建设中的作用是至关重要的。陈钊等（2008）建立了一个政治经济学与发展经济学框架下的制度改进方向分析，讨论了内生于城乡分割体系下的政策决定机制，得出的结论是"必须改变城市单方面制定有利于自身的政策这一现状，在制度上逐渐实现进城的农民工享有与城市居民同等的社会保障待遇"，并根据在此过程中涉及的"城市利益导向"，以及可能不符合城市利益的制度转变，提出了"中央政府需要承担更多责任"的建议。另外，周飞舟（2004）以一个县为案例的研究也证实了，无论是乡级财政还是县级财政都没有依靠挤压自身的财力来保证教师工资的发放，是中央政府的转移支付和税改之后的农业税增量解决了教师工资的拖欠。该研究同时也指出，中央政府有必要加大农村教育投入力度，同时调节我国因地区差异巨大而造成的地方教育投入不平等现状。

Tiebout（1956）和 Oates（1971）所建立的地方政府提供公共产品的框架认为，地方政府比中央政府更了解当地居民的需求，因此分权的财政体制便可以发挥地方政府在提供地方公共服务方面的信息优势，并由此改善社会福利状况。考虑到制度刚性及其造成的内生利益分配问题，制度执行过程中相关主体的行为决策，例如城乡分割政策的形成机制中户籍制度、社会福利、住房政策、土地使用、教育政策以及劳动用工等制度，以及农村居民的迁移行为的决定因素往往是理解城乡之间种种不公平待遇的关键，此类不公平问题鲜见从政府决策机制以及行为方式的决定因素角度进行研究。

已有研究从均衡城乡基础教育资源配置的必要性、可能路径以及投入重点、结构与主体等多方面进行了详尽的论述，形成了可观的研究成果，总结以上文献资料，发现了以下几个特点。

第一，由于经济建设和社会发展的双重任务，我国面临着巨大的财政压力。城乡一体化过程中涉及政府投入问题的关注重点自然而然地以绝对与相对数量对比、分权的制度环境等为主，未能就现有政策体系和公平的内在关系、机理等形成系统研究，导致对不均衡的资源配置问题的根本原因缺乏深入的认识。

第二，已有研究提出了建立城乡基础教育公平发展政策体系的重要性。对于公平的内涵及价值判断并未给出详尽的分析，尤其是对实现城乡基础教育公平的机制，尚缺乏从供需两个主体的明确判断与研究。

第三，可以看出，现阶段针对我国教育资源配置不均衡现象的解释，多是将城乡基础教育问题看作一个整体或分别进行研究。这种情况下，发现的问题和相关建议的提出也是针对已经存在的"不均衡"现象所做出的事后分析。这种从现有政策所导致的后果出发的分析，存在着结论模糊、政策建议不统一甚至矛盾的现象。如由"中央政府"或是"省级政府"承担更多责任的结论，实际上是一个内嵌于"以县为主"教育财政体制中的问题，还需要从基层政府的偏好和行为逻辑上，进一步探讨城乡基础教育资源均衡配置的解决路径。

## 第三节　研究方法

文献法和比较法。对有关城乡统筹问题中的基础教育的相关政策进行梳理，整理归纳出政策背景，提炼出有价值的可以作为论据的文献资料。运用比较分析的方法，对福利经济学中的公平观点进行总结，并结合中外研究中对效率与公平问题的探讨，为本书设定一个可行且有针对性的分析框架。

系统分析与重点剖析相结合的方法。人口流动背景下，基础教育的资源配置，已经不是一个单纯的经济学问题，还涉及政治、法律及文化传统等一系列因素协调作用的结果。本书将城乡分割作为制度背景，从整体上对城乡二元体制下的基础教育制度安排及其影响进行了系统的研究，对城乡基础教育资源配置主体及其行为进行了重点剖析。

实证方法和逻辑演绎方法。在论述地方政府对农村小学的撤并行为和农村居民对子女的就学地选择问题时，本文采用了实地调研和实证分析相结合的方法，为基础教育资源配置的城乡不均衡现状及其产生的原因提供了丰富的数据和案例素材，运用统计数据对当前农村基础教育投入中有关公用经费与人员经费的相关实证分析，并通过概括和逻辑演绎等方法得出与政府偏好相关的结论，为城乡一体化过程中的相关政策的设计和完善奠定了坚实的理论与实证基础。

在具体的研究方法上，主要采用了以下计量模型，分别对三个问题进行了分析：

①运用统计数据，建立全国30个省1990～2010年农村小学学校数量变化影响因素的面板模型，分析地方政府在实施农村小学布局调整政策时的动机。

②利用河南和甘肃两省三县实地调研数据，通过建立内生转换回归（Endogenous Switch Regression Model）模型，分析对子女就学地选择不同的两类农村家庭教育相关支出是否受到了不同因素的影响，通过建立 Probit 模型，分析

农村居民子女就学地选择的迁移决策影响因素。

③通过对全国 31 个省 2000～2010 年农村小学教育经费面板时间序列的协整检验，引入共同因子估计量的 CCEMG 方法，对协整系数进行估计，探明农村小学教育供给中，不同类型经费（公用经费与人员经费）的预算内外支出比例之间的关系。运用动态面板模型的系统广义矩（Sys-GMM）的估计方法，分析地方政府人均财政收入与农村基础教育不同种类经费支出的预算外部分之间的相关关系。

## 第四节　研究目的和研究内容

### 一　研究对象界定

本书所研究的农村基础教育是指县及县以下的义务教育。为使研究范围更为明确，本书所称农村基础教育的公平性，主要考察的是县镇义务教育和乡村义务教育资源配置之间的公平性问题。

### 二　研究目标

本书将从城乡的二元结构和人口流动给基础教育资源配置带来的新挑战入手，以普遍性的规则安排和区域性利益调配的制度或政策的角度，通过分析农村小学撤并过程中的地方政府行为以及地方政府对农村地区基础教育阶段经费的投入偏好，对参与其中的主体的行为进行进一步的考察，探讨内生于制度中的动机与目的。以可行能力的视角，探讨农村基础教育的不公平问题；并结合教育投入结构的分析，以兼顾公平与效率为原则，为解决城乡一体化过程中诸如城乡基础教育的公共服务资源配置的难题，寻找一条合理有效，切实可行的道路。

## 三 研究内容

本文的研究内容包括以下四个方面。

①人口流动给农村义务教育带来的公平与效率权衡的挑战。梳理改革开放以来农村义务教育投入政策的演变，对国家在促进基础教育城乡一体化的政策完善的适应性改进方面做出总结。结合相关统计数据，阐明在大量人口从农村流入城镇的情况下，农村基础教育面临的生源骤减及经费短缺等亟待解决的问题，以及城乡分割的筹资和教育资源配置体系，地方政府所面临的有关城乡基础教育投入的公平与效率的权衡问题。

②农村小学学校撤并问题：政府应对农村生源减少的措施及其效率动机探讨。本部分的分析目的在于考察政府在农村小学布局调整政策上，究竟是以公平为导向还是以效率为导向。为此，本节以农村义务教育资源布局调整政策为背景，运用统计数据和实地调研资料，建立农村小学学校数量变化影响因素的面板模型，分析地方政府在实施农村小学布局调整政策时的动机。

③农村子女城乡就学地选择的公平问题：基于可行能力理论的分析。本部分从基础教育的需求方（农户）的角

度，以森的可行能力理论为视角，考察农村学校撤并和教育资源向县镇倾斜的背景下，农村子女义务教育资源的可得性，即公平性问题。具体而言，通过建立实证模型，考察与子女基础教育相关支出的影响因素和农村家庭经济负担，验证迁移与非迁移两类农村家庭中，有关子女就学地选择的关键因素。依照森的可行能力理论，结合现阶段我国城乡基础教育在经费水平、办学条件与师资力量方面差距的描述，探讨农村居民群体中是否存在"缺乏可行能力导致选择权利受限，造成实质上的不公平，并进一步从农村内部扩大城乡差距"的现象。

④教育投入的结构性问题及公平性的解决之道。一般认为，解决基础教育公平性问题的途径是加大教育财政的投入力度。仅仅依靠增加投入显然是不够的，应注重资源投入结构的问题。本部分将回顾我国教育财政体制和筹资机制，结合地方政府行为偏好理论，建立面板时间序列模型，对农村基础教育的人员经费与公用经费预算内外支出的协整关系进行估计，验证现行农村基础教育财政体制下地方政府的投入偏好，从教育投入的结构角度为解决农村基础教育的公平问题提出对策。

# 第二章 分析的逻辑框架：基础教育投入的公平与效率问题

## 第一节 基本观点

研究实际资源的利用问题被称之为公共部门经济学（Public Sector Economics），或公共经济学（Public Economics）。其中，有关影响资源配置和收入分配方式的政府微观职能与政府宏观经济职能[①]是公共经济学的两个主要组成部分，政府的管制政策会对资源的配置产生重大的影响。

教育资源配置是一个集合概念，指的是"各种教育资源，包括人力、物力、财力、时空、信息、文化、权力、制度、政策、关系等在各种不同的使用方向之间的分配"（许丽英，2007）。资源的"稀缺性"特征，引出了"如何将有限的教育资源有效利用"的重要问题，这是我国公共服务资源的城乡配置过程中，所面临的重大挑战。在这个集合中，教育资源的配置主体、配置对象以及配置原则与

---

[①] 政府宏观经济职能，通常是指运用税收、支出以及货币政策来影响失业总水平和价格水平（哈维·罗森：《财政学》，中国人民大学出版社，2009）。

标准（价值导向），将决定教育资源配置的基本格局。其中，配置主体的价值导向，将限定教育资源配置的方向和目标，设计出不同的制度，形成资源配置方式以及获取方式，最终决定教育资源的配置效果。

1948 年 12 月，由联合国大会通过并颁布的《世界人权宣言》明确提出政府在有关公共资源配置中应该遵循的原则，即包括教育、医疗及社会保障等在内的公共服务是每个社会成员应当享有的权利。政府在此类具有非竞争性、非排他性的公共服务资源配置的过程中，应当"以满足社会公共服务需求"为目的进行资源再分配，应当基于分配与平等的考虑（阿特金森、斯蒂格利茨，1992）提供公共服务，也就是说要立足于社会的整体利益，兼顾公平和效率，对初次分配之后的社会利益格局进行一些必要的调整，以影响国民收入的分配格局，缩小社会的贫富差距。

大量的研究证实，政府往往会以追求效率为行为准则，忽略公平。尤其是在城乡二元结构背景下，政府被认为会从"效率"的角度出发，做出有悖公平的实际行为，失去了它自身作为利益再分配的角色的重要意义。本书将以此为切入点，对我国城乡教育资源的配置问题进行研究。

## 第二节　理论分析

### 一　"效率优先"与地方政府行为

公共物品供给本身一直存在着几个基本质疑（J. E. Stiglits，1977），第一个是有关偏好的显示问题。林达尔价格（Lindahl Price）模型给出了公共物品的一种可能机制——需求价格显示，即公众向政府准确而诚实地表达自己的需求意愿，政府按照意愿分别对此种公共品收费。这需要满足两个前提，一个是公众准确而诚实的需求表达（诚信以及信息完整性）问题，另一个是有关公共部门获取这种"意愿"所需要消耗的成本。在新古典经济学框架下，对公共品的分析主要是基于效率的考虑，公共品的正外部性和由此引起的"搭便车"行为，是以萨缪尔森（Paul Samuelson，1954）的边际理论为基础，得出的公共品供给量往往低于有效率的水平。而此后的公共选择学派、① 新制度经济学以及博弈论等对公共品的分析，几乎都是建立在这种效用最大化的思路基础上。

具体到中国城镇化过程中公共资源的配置，根据"地区间财政竞争"和"人口流动性"会增加公共服务的供给成本，削弱财力受到限制的地方政府提供社会服务的激励等相关理论层面的分析。一方面，中国城乡之间存在大量流动人口，根据国家卫生计生委发布的《中国流动人口发展报告》，2012 年我国流动人口数量达到了2.36 亿，这种情况下，无论是为这些流动人口创造工作机会进行城镇基础设施的投资，还是将基本公共服务范围扩大并惠及这 2 亿人口，对于资源有限的政府来说，都是一个巨大的挑战。另一方面，中国地方政府实行的"委任制"，容易导致政府忽视地方福利，更多地从效率

---

① 比如布坎南的"俱乐部理论"。

角度出发制定政策。

很多学者从理论和实证的角度，证实了我国地方政府在公共服务供给中设置了"流动成本"，[①] 并一定程度上支持"这一倾向在现阶段实际上具有一定的合理性"的结论。夏纪军（2004）在对我国户籍制度变迁动因的分析中，从理论角度支持了"政府通过设置一定的'流动成本'，以控制地方公共品供给的外部性"的结论。他同时指出，如果将这些实际上已经"市民化"了的"流动人口"的生活水平，提高到与之相差两倍到三倍的城市居民的生活水平，可以对我国的内需起到巨大的拉动作用。

叶建亮（2006）用改进的"亨利 – 乔治"模型，对我国户籍制度的优劣进行了分析，其结论是"非歧视性的分配政策和任由城乡人口自由流动的政策组合并非一个有效率的户籍制度安排"。有研究结合了我国分权的财政体制，针对我国基础教育的地方供给进行研究，例如丁维莉和陆铭（2005）通过一个一般均衡模型，指出我国人口的非完全流动和基础教育的财政分权体制，不失为激励地方政府提高教育供给质量和效率的有效机制。也就是说，由于从社会资源分配角度来看，将资源集中配置往往是一种"有效率"的界定，因此政府行为往往会呈现出"城市导向"。

---

① 是作为政府的一项决策变量的量化形式。（夏纪军：《居民迁徙所引致的福利损失——具有相同禀赋的户籍居民与无户籍居民效用水平之差的货币度量》，2004）。

　　我国的城镇化是典型的"政府主导"模式，而"政府主导机制"最显著的特征是政府是资源配置的中心，包括从中央到地方各级党政机关的相应部门对于城镇和城市的设置、规划、资源的审批和配置等事务有着严格的审批和直接决定的权力（李强等，2012）。不同于欧美国家通常所使用的"城市化"概念，我国多用城镇化概念。在城市以外，不属于城市级别的县城和建制镇等城镇居民点也是吸纳农村人口的重要渠道。

　　以上是从政府本身的利益取舍和价值判断的角度出发，在政府为主导的资源配置体系下，城乡之间的公共资源配置，很有可能在公平和效率的权衡过程中，由于政府对城市"重要性"的判断，被引向"城市导向"的效率优先的发展道路上。

　　不同于以往政令规定和以城乡二元发展战略的城镇偏向的资源配置方式，面临城镇人口集中、公共资源紧缺和农村资源利用不足的状况，地方政府将有限资源投入到城镇的"效率导向"激励。这实际上是一种资源配置的新型"城镇偏向"，是对留在农村的弱势群体的忽视，将大大增加这部分弱势群体的贫困风险，导致不公平现象出现，最终不利于整个社会福利的提升与发展目标的实现。

## 二　福利、公平与可行能力

　　通过基础教育、医疗卫生和土地的公平分配可以实现缩小弱势群体与相对富裕群体之间的福利差距。实现公平不仅与资源配置主体的价值导向有关，而且与"人们能够实际享有的生活和他们实实在在拥有的自由"能够拥有的手段和机会有关。也就是说，赋予人们自由选择的权利至关重要。与之相关的对公平性的衡量是个颇具争议的话题。下文将梳理由福利经济学开始的公平的度量标准，最后论述以可行能力理论为基础的资源可及性的公平性标准。

### （一）福利主义的公平理论

简单的功利主义公平代表人物边沁给出的相关定义是，一国福利为每个公民满意程度之和。公共政策和公共行为的目标是实现"最大多数人的最大幸福"。新古典经济学家庇古（Pigou）认为，"社会福利"为社会成员从各种满足来源获得的效用之和。假定个人效用可以用基数来测量，并且具有完全可比性，这种社会福利的衡量来源于可用货币衡量的"经济福利"。从时间的角度来看，在时间期界无限的情况下，仅指消费，在有限的时间期界内，会出现与个人未来的状况以及未来各代人的利益有关的问题，可以用"国民收入"来衡量。因此，在功利主义者看来，总福利函数可以表示为：

$$W = \sum_{i-1}^{H} u_i(x)$$

在帕累托标准及福利主义等的其他标准基础上，构建完整的社会次序是不可能的，必须利用个人间比较的方法来确定完整的社会次序，以界定出能使我们评价所有可能的及可供选择的状况的原则。政治哲学家罗尔斯（Rawls）提出了不考虑所有社会成员的福利状况只关心个别社会成员福利状况的社会福利函数。在这个公平理论下，社会成员一致接受两条公平原则，即在与类似的全体自由都相容及最为广泛的基本自由平等的制度中，每个人都要享有平等的权利。对社会和经济不平等做出安排使它们对最为不利的人产生最大收益，以及让所有人在机会平等的条件下都有事情可做。罗尔斯社会福利函数表示为：

$$W = \min \ (u_i)$$
$$i = 1, \ 2, \ \cdots, \ H$$

即社会福利水平取决于社会中效用最低的那部分人的福利水平。假定每个社会成员都有最基本的自由，无法预知自己将处于何种效用水平上，且每个人都是厌恶风险的，不考虑所有社会成员的福利状况，只关心个别社会成员福利状况的社会福利函数，例如上述罗尔斯社会福利函数（Rawism）带有明显的平均主义色彩。

这种采取实际行动保护社会中最弱小的成员来保证社会公平的方式，实际上包含两个层次：第一个层次为"程序性正义原则"，这是一种横向的平均性的公平，具体是指一种平等对待所有人的观点；第二个层次为"补偿性正义原则"，这是一种纵向的不均等的公平，强调可以运用"差别原则"或者"补偿原则"帮助弱势群体改变其不利的处境，为他们提供机会。补偿性正义主张根据历史、文化及经济条件有偏向地制定法律和政策，以保证一个相对公平的结果，这种界定仍然要面对"标准应该由哪方采用何种方式来界定和建立"的问题。

　　为了避开价值判断问题，伯格森（1938）和萨缪尔森（1947）提出了新的社会福利函数——伯格森－萨缪尔森社会福利函数（Bergson-Samuelson Social Welfare Function，SWF）以便在各种社会状态中选择，这个函数在所有社会福利函数中具有最一般的形式：

$$W = W\ (u_1,\ \cdots u_i,\ \cdots,\ u_H)$$

　　如上述公式所示，该福利函数认为，社会福利值 $W$（序数表示）取决于被认为影响福利的所有可能的实值。与上述福利主义的公平理论相类似，该函数依然是以个人效用来定义的。除此之外，还具有以下性质：

　　①个人效用可比性；

　　②满足强帕累托标准；

　　③社会偏好具有外凸性。[①]

　　由于意识到更多的问题与个人属性或者自主性有关，而不是效用，以效用为标准进行的人际比较，作为基础的"社会效用最大化"，需要采用不是用基数度量的效用参与比较，回归到涉及伦理的判断上。因此，有关个人权利与自由等的非福利主义逐渐出现在新福利经济学的研究中。

　　**（二）森（Amartya Sen）和其他的非福利主义的公平原则**

　　非福利主义的公平理论代表之一是诺兹克（Nozik）有

---

　　① 反映平均主义的伦理观念，即表示效用不平等地靠近坐标轴的状态是社会所不希望的，效用比较平等地位于两坐标轴之间的状态是社会所希望的。

关"应得权利理论"。这种公平理论"不是从结果的角度，而是从程序上来评价公平，只要个人的权利得到了尊重，就被认为是公平的。这些权利包括生存权、获得个人劳动产品的权利以及自由选择权。这些权利是不可剥夺的，与社会组织无关"。

另外一个最有代表性的公平理论是罗尔斯有关"自由权优先"的公平理论。罗尔斯的初始状态概念是霍布斯和洛克等人契约思想的再现，扩展了豪尔绍尼（1992）有关伦理偏好的概念，提出了"无知之幕"（Veil of Ignorance）的重要理论，被森和其他学者认为是当代最重要的道德哲学理论。该理论的公平价值标准立足于一套优先于任何其他考虑的自由权，据此，罗尔斯提出的"作为公平的正义"具有鲜明的伦理判断色彩，这种正义是只有当每个人都受到无社会差异的对待时才能够实现的。

森从"信息基础"① 的角度，对以上两种公平做出了总结，他不仅"坚信价值观中必定包含后果方面的考量"，而且"不赞成某些价值要是'绝对地'优先于另外一些价值要素"。根据森对"可行能力"内涵的定义，即在两个意义上的自由，从一个意义上来说，一个人能够按自己的意志成功完成某些事情的"意志实现的自由"；从另一个意义上来说，可以在各种选项中做选择的"选项自由"。

---

① 差别是各阶段内涵不同的公平理论形成的原因，在此基础上产生了以"自由"作为信息基础的观点。

"可行能力"（Capacity）理论是将扩展自由作为发展的首要目的，这种可行能力不是一种愉悦，而是关于"选择集"的度量。也就是说，能力反映了一个人可以获得福利的真正机会和选择的自由，是各种可能的功能性活动向量的集合，这种"度量"避免了功利主义者引入"效用"所带来的歧义和比较（姚洋，2002）。如图 2 - 1 所示，这种有关"可行能力"的方法为福利分析提供了一个更为完整的理论框架。

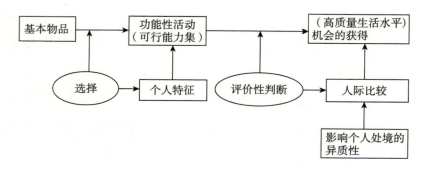

**图 2 - 1　可行能力框架**

资料来源：笔者根据《以自由看待发展》第 3 章 "自由与正义的基础"总结。

"可行能力集"所反映的自由，通过个人特征完成了由基本物品到可实现的目标的转化，这一过程中"选择"本身也是一种可贵的功能性活动（森，2002）。对于关键的社会评价，"人际比较"是不能够避免的，以往采取偏好实现解决个人选择问题的方式，在不能简单假定存在某一"同质"要素（如"收入"或"效用"）的前提下，人际比较是"无力"的。关于可行能力的测度，森还指出，可以采用"我们熟知的收入空间"，[①] 不同于"把收入作为减少不平等的手段"，可行能力方法是"把收入作为测度不平等的单位"。

## 三 构建作为价值判断的效率与公平

经济学分析的是个人价值判断存在的逻辑属性与后果（Murray N. Rothbard，1977）。经济社会活动的评价涉及很多两难的问题。无论在资源配置的经济活动研究中，还是在其他人文学科研究中，人们追求的不同目标和价值将最终折射出生活状况所呈现的不同结果。价值标准之间既相互融合，也可能相互冲突。因此，明确作为价值标准的"公平"的概念，将成为得到合理结论的关键。

正如马克斯·韦伯（Max Weber）的论断，"伦理永远不能被科学或理性地建立"。对于政治选项，经济学不能在其中做出所谓"正确的"选择，需要一种意识形态来为其辩护，并需要一种个人良知努力促使（政策或制度的）实践（J. Robinson）。因此，从价值原则的角度对现阶段有关具体政策的反思，是本文审视中国城乡制度安排是否合理的出发点。

针对公平与效率问题的解决方案，福利经济学的研究

---

① 森（2002）指出"在很多时候，收入水平——经过对价格差别以及个人和群体的境况的差异进行可能的矫正之后——在实际赋值工作中可以作为很有用的起点材料"，并针对这一基础原则的应用形式提出了直接法、间接法和补充法三种实用方法。

框架确定了"政府干预"具有必要性的结论，尤其是有益于社会福利的有益物品①（Merit Goods）（Musgrave，1959）。根据福利经济学第一定理，运行良好的竞争制度下的某种配置方式，会自动出现在"效用可能性曲线"上，没有理由认为，这种配置会恰好使社会福利最大化。因此，虽然经济能产生帕累托效率的资源配置，但为了实现"公平的"效用分配，政府的干预是必要的。"直接的"②干预的方式不是最理想的。根据福利经济学第二定理，社会通过初始资源禀赋的适当安排，再根据"埃奇沃思盒子"的原理，彼此自由交易，即能获得帕累托效率资源配置。也就是说，政府对初始禀赋资源进行适当的再分配，然后让市场发挥作用，就能得到效用可能性边界上的任何一点。这一定理的重要性在于，它至少"在理论上说明了效率与分配公平的问题可以分开"（罗森，2009）。帕累托效率标准无法解决有关于效用的分配是否公平的问题。具体到我国城乡资源配置问题，如图 2-2 所示，整个社会可以获得的效用是位于效用可能性曲线 $UU$ 或者低于该曲线上的所有点，$P$点城镇获得的效用比农村高，$Q$ 点表示农村获得的效用比城镇高，两者都是帕累托效率点，代表城乡之间极为不同的资源配置情况，$q$ 点位于效用可能性曲线以内，是可以

---

① 有益物品，用来描述那些即使社会成员不想要但也应该提供的物品，如政府对艺术的支持，包括歌剧和音乐会。如果个人不愿支付足以弥补其成本的票价，政府就应当提供。正如鲍莫尔（Baumol，1981：pp.426 - 427）曾指出的，有益物品的概念只是对朴素价值判断的一种正式称呼，这种价值判断就是，艺术有益于社会，因而值得财政支持……（这种）有益物品论并非真要论证为什么应该予以支持——该术语有点虚构的味道，只是要表明支持的愿望。

② 例如，政府并没有必要对穷人消费的商品规定最高限价。

通过改善达到帕累托效率点的。究竟"哪一点更好"的问题，通常需要明确的价值判断。

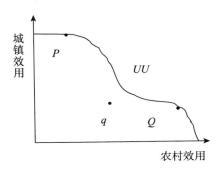

**图2-2  效用可能性曲线**

根据上文的理论分析，从福利主义的帕累托标准，到以"程序公平"和"选择自由"等以个人权利和自由为判断标准的非福利主义对公平性概念的界定，本文认为，森提出的"可行能力"是关于公平概念更为直接与明确的标准。进一步明确了作为价值判断标准的"公平"，实际上是构建以效率和公平为价值取向的政府职能目标，以及据此进行的制度设计的起点。

政府行为是一个对效率与公平的平衡过程，任何一方都不可偏废。对效率的过分强调，会加重原有的不公平，甚至带来不稳定的社会问题，一味追求公平，不利于提高效率。构建公平与效率的价值取向体系，最为重要的是要认识到两者的统一从长远来看具有内在性，短期内存在一定的矛盾。在今后一个较长的时期，以缓解城乡与地区间多维不平等的公平思维，重视并改善基本民生状况，强调中央与地方关系的主体职能和基本公共服务受众的需求和参与的原则，建设服务型政府，将是建立公平与效率的价值判断体系的最佳结合点。

2013 年 11 月 12 日通过的《中共中央关于全面深化改革若干重大问题的决定》将"健全城乡发展一体化体制机制"作为全面深化改革的若干重大问题的一个主要方面。其中，"推进城乡要素平等交换和公共资源均衡配置"的难点和重点，是如何解决城乡基本公共服务提供机制难以挂钩的现状。公平本身就可以创造效率，① 我国目前的不平等突出表现为城乡间及地区间在收入分配和基本公共服务方面的巨大差异（胡鞍钢，2006），因此，应将"促进社会公正与公平"明确作为我国的政策价值取向，这同时也是"加快政府职能转变"中需要考虑的首要问题。

## 第三节　本章小结

### 一　基本问题和关注点

近年来，"三农"问题一直受到高度的关注，政府采取了一系列措施努力解决城乡分割的状况，尤其在城乡公共服务均等化以及农村基本公共服务的投入数量上做出了巨大的改进。例如，2010 年通过的第十二个五年规划中提出"把保障和改善民生作为加快转变经济发展方式的根本

---

① 蔡昉（2006）认为，穷人比富人具有更高的消费倾向，当一种机制（如收入再分配）把收入向穷人转移后，就会增加穷人的消费，导致国内总需求的扩大，从而成为经济增长或效率提高的源泉。

出发点和落脚点，推进基本公共服务均等化，使发展成果惠及全体人民"，我国在不断加大农村基本公共服务财政投入力度，2012 年国家财政性教育经费为 22236.23 亿元，占 GDP 比例为 4.28%，其中 52% 属于基础教育方面的投入，且 52% 的份额中有 60% 是向中西部地区的农村教育倾斜的。"三农"问题的复杂性和艰巨性，改进城乡分割状况的过程通常带有一定的"短期政令性"色彩，致使城乡居民在文化教育、公共医疗以及社会保障方面仍然存在较大差距。①

随着人口大量由农村迁移到城镇，城乡分割的政策体系势必会给城乡融合带来更为严重的问题，这种趋势已经逐渐使由公共政策滞后于农村人口的大量流动和迁移等现实状况所导致的城镇公共服务机构容纳能力不足及弱势群体遭遇到不公平状况等问题凸显出来。本书将基于人口迁移所带来的上述一系列新挑战，围绕贫困地区公共资源城乡配置中的基础教育方面展开讨论。

需要明确的是，上述城乡之间的公共服务差距，以及以"城乡两个区域，城乡居民两个群体"为前提设计的农村公共服务政策，是作为本书的研究背景，结合本章的理论基础中对公平概念的界定，本书的关注点集中在农村基础教育资源配置及其内部的群体之间的公平问

---

① 例如，我国农村 15 岁以上人口平均受教育年限与城镇平均水平相差近 3 年；城乡公共卫生方面，资源分布差距很大，占全国人口近 70% 的农村人口拥有的公共卫生资源不足全国总量的 30%（国家社科院经济所收入分配课题组 2003 年的调查结果）。

题。界定农村作为主要研究对象，将有助于理解农村弱势和贫困群体的公共服务可得性。在我国存在城乡差距的客观条件下，寻找提高公共政策的贫困敏感性和瞄准性，更加有利于缩小这部分群体与相对富裕群体之间的收入与福利的差距，最终实现减贫的目标，进一步推动我国的城镇化进程。

## 二　逻辑框架

通过上述理论观点的论述，本书实际上是建立在以效率与公平为价值体系的政策评价标准上，对我国转轨时期的公共政策的实施效果，以及"政府应当怎样做"的应然问题进行评判的研究。

根据以往对地方政府行为动机的理论分析，经济活动中普遍存在的以"效率优先"为导向的行为值得思考。不得不承认，政府的行为往往更加符合效率导向的市场经济发展的要求，在类似基础教育这类基本公共服务供给的政策制定和执行上，公平问题极有可能受到忽视。因此，本书第四章将以农村小学学校"撤并"的具体政策为着眼点，分析基层政府在农村教育资源配置方面的行为是否具有效率动机，从而导致一部分群体的公平性被忽视的状况出现。

从公共服务的需求方来说，明确究竟是什么因素在城乡居民公共服务的获得和能够享受到的公共服务中起决定作用，对未来的公共财政支持和发展计划的援助对象的方向上具有重要意义。以往的多数研究认为，制度因素是导致农村落后于城市，造成城乡二元结构的重要原因，例如公共财政资源更多投向城市，城乡间的二元就业制度以及户籍制度等城乡分治的制度性差异，使我国农村居民在基本权益上形成与城镇居民的巨大反差（马国贤，2007；孟大川等，2008）。根据可行能力的理论，"每一成员在多大程度上可以实现自己向往的生活，取决于各自行使其选择的能力。这一能力，一方面取决于外在的社会经济政治文化等制度环境；另一方面，还取决于个人拥有的人力资源和物质资源。个人拥有的资源，则又受到制度环境的影响，因为它决定了个人能够行使的权利（森，2009）。"因此，赋予公众选择自由并不等于公平，这如同制度环境所决定的择业自由、现有政策对农村流动人口进城居住、子女就学以及医疗和养老保险等各种活动"实质上"进行排斥的规定一样，实际上只有少数在禀赋、知识、健康和机会把握上占有优势的农村居民，有可能借助流动或迁移，最终立足城市。也就是说，相同的制度环境下，不同社会成员自身的异质性也会造成一定的差别。那么出于对上述"公平"理念的思考，本书的第五章将在可行能力视角下，验证在现有的制度环境下，对子女就学地的选择行为是否与由收入水平来度量的可行能力相关。

一般情况下，解决城乡基础教育资源不均衡问题，促进农村基础教育的公平性的思路有"存量"和"增量"改革两种方式，前者是一种在总量不膨胀的情况下，以平衡或缩紧方式调整或转移既有利益，具体到教育资源的配置问题，城乡两个群体的受益状况在这种非"帕累托改进"

的利益调配机制下，必然会损害到其中一方的绝对利益，从而遭受较大阻力。因此，针对我国经济条件制约的状况，城乡间的公共服务资源配置应该属于"增量"方式改革（林万龙，2005）。对于加大投入的解决方式，仍然需要在我国现有的分权财政体制下重点考虑投入结构问题。因此，中央对地方的转移支付结构和两者对人员经费与公用经费的负责问题将是本书第六章着重讨论的问题。

# 第三章　人口迁移对农村基础
# 教育的挑战

## 第一节　改革开放以来农村义务
## 教育投入政策的演变

### 一　下放事权，分级管理（1980～1993 年）

作为财政体制的重要组成部分，我国的城乡基础教育的财政投入，在几次有代表性的政策改革背景下，分别表现出了不同特征。

从 1949 年到 20 世纪 80 年代中期，政府一直是基础教育公共产品的唯一供给者，中央政府提供基础教育服务的财政支出，地方政府实际上是代表中央政府来完成教育公共服务的供给。1980 年，中国的财政体制进行了重大改革，国家预算管理由过去的"统收统支"改为"划分收支，分级包干"的"分灶吃饭"体制。中央政府统一管理国家全部财政收支的财政体制被打破，相应地，基础教育财政支出也由中央与地方共同分担。1985 年颁布的《中国教育改革和发展纲要》及随后通过的《义务教育法》规定，中央政府具有全面制定教育政策和综合规划的地位，省级政府负责全面制定基础教育发展规划，协调各县级政府之间的教育事业性经费支出。实施义务教育的责任，城市落在市区一级政府，农村则落在县级政府。需要补充的是，乡镇政府也有责任履行基础教育投入的义务，乡与县政府间责任模糊，导致很多地方乡镇政府成了当地学校教师工资和学校其他费用的资金提供者。

1992 年国家颁布的《中华人民共和国义务教育法实施细则》（以下简称《细则》）将这种"分级办学"特征加以明确，并进一步强化了"谁办学谁掏钱"的教育投资体制。《细则》第 29 条规定"依法征收的教育费附加，城市的，纳入预算管理，由教育主管部门统筹安排，提出分配方案，与同级财政部门商议后，用于改善中小学办学条件；农村的，由乡级人民政府负责统筹安排，主要用于支付国家补助，集体支付教师工资，改善办学条件和补充学校公用经费等"，"实施义务教育的学校新建、改建、扩建所需资金，在城镇由当地人民政府负责基本建设投资计划，或者通过其他渠道筹措；农村由乡、村负责筹措"。

除此之外，20 世纪 70 年代末的农村家庭联产承包责任制，在一定程度上削弱了农村集体经济的力量，进一步加重了中国农村基础教育在这一阶段遭遇的办学经费短缺困境。直到 80 年代中期，我国相当一部分地区仍未普及小学教育，以"重点"中小学建设为导向的改革思想，将1966～1976年分派到农村基层的教育人才和资金重新集中到城镇，使得城镇地区的学校成为这一阶段基础教育财政投入政策改革在实质上的最大受益者。

这种将基础教育经费的筹集和管理责任下放地方政府，即"城市义务教育由国家全包，农村义务教育则'托付'给乡（镇）、村"，中央政府仅供给少量专项补助的投入模式，最终会将负担转移给农村居民，造成经济负担，为基础教育经费在基层的不稳定供给，以及基础教育在城乡之间的发展不均衡带来一系列隐患。

## 二 财权上收，筹资多元化（1994～2000年）

1994年的分税制改革是中央政府决定"上收财权"的分界点。基层政府——尤其是乡镇政府的事权实际上并没有减少。中央与地方各级政府之间的财力格局改变，地方政府的职能与职责并没有发生相应的变化，这导致了财权和事权的不对称，从而加剧了农村基础教育经费紧张的矛盾局面。

1995年9月，全国人大颁布的《中华人民共和国教育法》明确规定，"省、自治区、直辖市人民政府根据国务院有关规定，可以根据规定征收用于教育的附加费，专款专用。农村乡统筹中的教育费附加，由乡人民政府组织收取，县级人民政府教育行政部门代为管理或者乡人民政府管理"。

至此，我国农村基础教育经费的来源主要有县乡两级财政预算内拨款、乡统筹中的教育费附加、村教育集资、中小学杂费、学校勤工俭学收入及借债和捐资等。同时，这一时期的研究也表明，农村基础教育总投入中，财政预算内投入严重不足，农村教育费附加、教育集资和中小学杂费成为主要的筹资来源（王蓉，2004；李凌等，2008）。

2000年3月2日《中共中央国务院关于进行农村税费改革试点工作的通知》（以下简称《通知》）提出了有关农村税费改革试点的内容，主要包括取消乡统筹和农村教育集资等专门面向农民征收的行政事业收费、政府性基金和集资。《通知》中明确规定，取消的乡统筹或农村集资等对应的农村基础教育支出项目，由各级政府通过财政预算安排补充。

虽然我国农村基础教育财政投入在这一时期逐渐完善了多渠道的筹资体系，但"税费改革"和"分税制"改革之后的地方政府，普遍面临着财力紧张的状况，加上基层政府对于农村基础教育这类公共服务供给缺乏积极性，农村基础教育的财政投入状况仍不容乐观。

## 三　以县为主（2001年至今）

2001年，国务院颁布《关于基础教育改革与发展的决定》，提出了"在国务院领导下，由地方政府负责，分级管理，以县为主"的农村基础教育管理新体制。2002年4月14日的《国务院办公厅关于完善农村义务教育管理体制的通知》中，国务院第一次就农村基础教育投入问题中的有关县乡两级政府在投入与管理方面的权责做出了详细规定。首先，将农村基础教育的负责层级提升为"以县为主"，即"由县级人民政府负责筹措农村义务教育经费，合理安排使用上级转移支付资金"。其次，将教师工资统一至县级政府"按时足额统一发放"，并统筹安排农村中小学公用经费。最后，对从中央政府到乡镇政府的四级政府在农村基础教育投入中的责任做出了明确的规定，其中，乡（镇）人民政府只是负责组织适龄儿童入学，严格控制义务教育阶段学生辍学，维护学校治安和正常的教学秩序，治理校园周边环境等。

也就是说，税费改革之后的基础教育财政体系中各级政府的权责被进一步明确，即乡（镇）政府将不再承担对农村基础教育的财政责任，集中力量"支持农村义务教育的发展"；省地级政府主要承担的责任是"统筹安排财力"，转移支付等；中央政府主要给予"政策指导"，并对贫困地区及基础较差地区予以一定的专项或一般财政转移支付。

与第一阶段相比，我国农村基础教育的财政责任层级有所上升，筹资渠道也有所拓宽，在这种财政投入体制下，面对日益增加的流动人口，基础教育的投入城乡不均衡的历史条件和现状，对我国城乡一体化的实现提出了新的挑战。近年来，国家在不断制定新的政策，努力解决随迁儿童不断增加及农村生源不断流失而导致的城乡基础教育投入的相关问题。

## 四　促进城乡一体化的基础教育政策进展

在城乡分割的义务教育供给体制下，教育经费按地区统筹，因此，义务教育阶段学生需要在户籍所在地的中小学接受义务教育。在"以县为主"的农村基础教育财政投入机制下，我国基础教育投入所面临的新问题是，随着我国城镇化进程的加快，农村剩余劳动力向城镇大规模持续转移，大量农村义务教育阶段学生随父母到其务工地生活，而这些随迁子女的教育经费却并没有随之转移，使得进城务工人员随迁子女义务教育的供需矛盾日益突出。为了逐步化解这一矛盾，保障进城务工人员随迁子女能够平等接受义务教育，国家先后出台了相关政策，以促进城乡教育均衡发展。

（1）确定"以流入地区政府管理为主，以全日制公办中小学为主"的原则接收进城务工人员子女进城读书。

在国家没有制定相关政策之前，城市公办学校不接收进城务工人员随迁子女借读。因此很多进城务工人员选择让随迁子女就读于办学质量较差的打工子弟学校，这些学校大部分并未获得当地政府的办学许可，随时都有被关停的可能。有的进城务工者无奈地选择让随迁子女辍学，提前进入社会。

为了解决进城务工人员随迁子女能够在父母务工地接受义务教育，避免辍学的问题，国家在2001年出台的《国务院关于基础教育改革与发展的决定》（国发〔2001〕21号）（以下简称《决定》）提出以流入地区政府管理为主，以全日制公办中小学为主，采取多种形式，解决流动人口子女接受义务教育问题。由于该《决定》并没有对各地政府做出具体实施要求，因此各地并没有出台具体实施政策，所以该《决定》只是首次提出了一个解决流动人口子女义务教育问题的政策方向。在此之后，中央出台的一系列相关政策都继续强调了执行这一政策方针，如 2003 年发布的《国务院关于进一步加强农村教育工作的决定》（国办发〔2003〕19 号），2006 年国务院下发的《国务院关于解决农民工问题的若干意见》（国发〔2006〕5 号），以及 2010 年颁布的《国家中长期教育改革和发展规划纲要（2010 ~ 2020 年）》等。

（2）取消借读费，进城务工人员子女与城市学生享同城待遇。

尽管国家规定以流入地区政府管理为主，以全日制公办中小学为主，解决进城务工人员随迁子女义务教育问题，但城市公办中小学通常会向进城务工人员随迁子女收取高额借读费或赞助费。这对于大部分生活在社会底层，收入水平普遍偏低的普通进城务工人员来说根本无力承担。即使进入了公办学校，农村借读生也无法在评优奖励、考试竞赛和文体活动等方面与城市学生享受同等待遇。因此进城务工人员随迁子女往往被公办学校拒之门外。针对这一问题，国家在 2003 年发布了《国务院关于进一步加强农村教育工作的决定》（国办发〔2003〕19 号）和《国务院办公厅转发教育部等部门关于进一步做好进城务工就业农民子女义务教育工作意见的通知》

（国办发〔2003〕78 号），针对进城务工就业农民子女的义务教育工作，对各地各级政府做出了具体要求，其中除了要求全日制公办中小学要尽可能多地接收进城务工就业农民子女就学外，还要求在收费标准、评优奖励、入队入团及课外活动等方面给予进城务工人员子女与城市学生同等的待遇，即不允许公办学校再向进城务工人员子女收取借读费、赞助费及建校费等额外费用。各省（市）根据自身情况相继按照中央政策要求制定了具体实施政策。

（3）进城务工人员子女也享受免学杂费政策。

为了减轻农民教育负担，保障义务教育经费投入，国家在 2005 年出台了《国务院关于深化农村义务教育经费保障机制改革的通知》（国发〔2005〕43 号），规定从 2006 年农村中小学春季学期开学起，分年度、分地区逐步实施农村义务教育经费保障机制改革。具体实施步骤为：2006 年，国家对西部地区农村义务教育阶段学生全部免除学杂费，对其中的贫困家庭学生免费提供课本和补助寄宿生生活费，即"两免一补"；2007 年，在全国农村义务教育阶段学生普遍实行这一政策；2008 年，对全部农村义务教育阶段学生免费提供教科书，提高农村义务教育阶段家庭经济困难的寄宿生生活费补助标准。同时规定城市义务教育应逐步完善经费保障机制，具体实施方式由地方确定，所需经费由地方承担。其中，享受城市居民最低生活保障政策家庭的义务教育阶段学生，与当地农村义务教育阶段中小学生同步享受"两免一补"政策，进城务工人员子女在城市义务教育阶段学校就读的，与所在城市义务教育阶段学生享受同等政策。

在此基础上，2008年出台的《国务院关于做好免除城市义务教育阶段学生学杂费工作的通知》（国发〔2008〕25号）进一步明确规定从2008年秋季学期开始，在全部免除城市义务教育阶段公办学校学生学杂费的同时，对符合当地政府规定接收条件的进城务工人员随迁子女免除学杂费，不收借读费。

各地根据自身情况分别制定了相应政策，部分地区加快了本地区义务教育经费改革步伐，从2006年或2007年起，在免除农村义务教育阶段学生学杂费的基础上，提前免除了城市义务教育阶段学生学杂费，同时免除符合条件的在城市借读的进城务工人员随迁子女的学杂费。例如，天津市，[①] 浙江省，[②] 江苏省苏州市、[③] 常州市[④]和无锡市，[⑤] 湖南省长沙市。[⑥]

另外一些地区除了免除公办学校学生的学杂费外，还免除了符合条件的民办学校学生的学杂费，如北京市，[⑦]

---

[①] 天津市人民政府批转市教委、市财政局：《关于义务教育"两免一补"政策实施意见的通知》，2006。

[②] 浙江省人民政府办公厅转发省教育厅等部门：《关于浙江省义务教育中小学生免除学杂费实施意见的通知》，2006。

[③] 苏州市人民政府：《关于印发苏州市实施免费义务教育暂行规定的通知》，2006。

[④] 常州市人民政府办公室转发市财政局、市教育局：《关于常州市义务教育阶段学生免收学杂费实施办法的通知》，2006。

[⑤] 无锡市政府：《关于全市义务教育阶段学生免收学杂费的试行意见》，2006。

[⑥] 湖南省长沙市人民政府办公厅：《关于印发〈2007年长沙市义务教育阶段学生免费入学工作的实施办法〉的通知》，2007。

[⑦] 北京市人民政府办公厅：《关于贯彻国务院做好免除城市义务教育阶段学生学杂费工作文件精神的意见》，2008。

辽宁省，① 吉林省，② 江苏省常州市③和无锡市，④ 浙江省，⑤
福建省莆田市，⑥ 部分地区不仅按国家政策要求免除符合条
件的进城务工人员随迁子女学杂费外，还免除了其教科书
费，如天津市，⑦ 辽宁省，⑧ 江苏省连云港市⑨和浙江省。⑩

（4）进城务工人员子女在流入地接受义务教育后可在
当地参加升学考试。

进城务工人员随迁子女在流入地接受义务教育一定年
限后，即面临着小升初，中考及高考等升学问题。随着
《国务院办公厅转发教育部等部门关于进一步做好进城务
工就业农民子女义务教育工作意见的通知》 （国办发
〔2003〕78 号）的深入落实，以及 2010 年出台的《国家中
长期教育改革和发展规划纲要 （2010～2020 年)》和《国
务院办公厅关于开展国家教育体制改革试点的通知》（国
办发〔2010〕48 号） 提出研究制定进城务工人员随迁子女

---

① 辽宁省人民政府：《关于免除城市义务教育阶段学生学杂费的实施意见》，2008。
② 吉林省人民政府：《关于做好免除城市义务教育阶段学生学杂费工作的实施意见》，2008。
③ 常州市人民政府办公室转发市财政局、市教育局：《关于常州市义务教育阶段学生免收学杂费实施办法的通知》，2006。
④ 无锡市政府：《关于全市义务教育阶段学生免收学杂费的试行意见》，2006。
⑤ 浙江省人民政府办公厅转发省教育厅等部门：《关于浙江省义务教育中小学生免除学杂费实施意见的通知》，2006。
⑥ 莆田市教育局：《关于进一步加强流动人口子女义务教育阶段就学工作的通知》，2009。
⑦ 天津市人民政府办公厅批转市教委：《关于进一步做好外来务工人员子女义务教育工作意见》的通知，2008。
⑧ 辽宁省人民政府：《关于免除城市义务教育阶段学生学杂费的实施意见》，2008。
⑨ 《关于印发〈连云港市 2009 年义务教育阶段学校招生工作意见〉的通知》，2009。
⑩ 浙江省人民政府：《关于进一步加强和改进进城务工人员子女教育工作的意见》，2008。

接受义务教育后在当地参加升学考试的办法，各地陆续放宽进城务工人员随迁子女接受义务教育后的升学政策，允许其在流入地小学升初中和参加中考。人口流入多的大城市对随迁子女在流入地参加高考仍然有严格的限制，在城市公办学校接受完高中阶段教育的进城务工人员随迁子女仍要回户籍所在地参加高考。

由于各地高中阶段教材不同，高考试题也不同，因此进城务工人员随迁子女如果在流入地高中学校借读而回户籍地参加高考，通常难以取得理想的成绩。因此有些随迁子女选择回户籍地的高中读书，有些则在流入地参加中考时放弃报考高中，选择报考中专或中技等职业学校。部分地区还通过减免学费等形式来鼓励进城务工人员随迁子女接受完义务教育后直接报考职业学校。不能在接受义务教育的流入地参加高考显然损害了进城务工人员随迁子女公平地选择受教育水平的权利。

各地不允许随迁子女在流入地参加高考的原因主要是我国的高等教育还不是普及性教育，高考存在激烈的竞争，而各地的高考录取分数线不等，随迁子女在流入地参加高考，必然会挤占流入地的高考招生名额，城市外来务工人员随迁子女数量越多，这一形势将会越严重，因此各地为了保护本地生源的高考录取率，就将随迁子女"赶"回了户籍地参加高考。

随着进城务工人员规模急剧扩大，流动持续时间越来越长，其子女在流入地参加高考的供需矛盾也越来越突出。为了解决这一矛盾，保障进城务工人员随迁子女公平受教育的权利和升学机会，2012 年，国家出台了《关于做好进城务工人员随迁子女接受义务教育后在当地参加升学考试工作意见的通知》（国办发〔2012〕46 号）。该通知要求各地根据城市功能定位、产业结构布局和城市资源承载能力，根据进城务工人员在当地的合法稳定职业、合法稳定住所（含租赁）和按照国家规定参加社会保险年限，以及随迁子女在当地连续就学年限等情况，确定随迁子女在当地参加升学考试的具体条件，制定具体办法。

由于进城务工人员随迁子女在流入地接受义务教育后在当地参加升学考试涉及许多方面的政策协调，并且具体的实施办法由各地政府因地制宜，因此可以预见上述政策短期内仅能解决少数"符合条件"的进城务工人员随迁子女的升学考试问题，对于更多的随迁子女来说，这一政策难以真正落到实处。

（5）各地解决教育城乡一体化的探索。

由于我国各地进城务工人员流入规模不同，各地的教育承载能力也有所差异，因此一些地区根据自身情况制定了一些特殊政策来解决进城务工人员随迁子女义务教育相关问题。

①教育券

浙江省绍兴县从 2006 年秋季起开始向进城务工人员随迁子女发放"教育券"。教育券是特定印制的实名有价证券，面值为小学生 100 元、初中生 130 元，每年分寒暑假发放两次。学生在报名注册时将"教育券"

交给就读学校（含民工子弟学校），按教育券的面值抵充现金，享受免费教育。学校凭教育券到县教育局计财科结算经费。

绍兴县所发放的教育券实际并非美国经济学家米尔顿·弗里德曼最早所提出的教育券的概念，仅仅是免除符合条件的进城务工人员随迁子女的学杂费的一种操作形式，便于对教育经费划拨的准确控制，实现了教育经费随人走。

②电子教育券

安徽省对2011年秋季入学的义务教育阶段起始年级学生开始实施电子教育券。电子教育券依据中小学学籍网络化管理系统标记的"本省外县"栏目的随迁子女学籍变动情况实现。"本省外县"迁入的义务教育阶段学生在注册电子学籍时，获取具有户籍来源特征的电子教育券，以电子教育券为收支凭据，到流入地义务教育阶段学校就读。流入地教育主管部门每学年每学期对转学电子记录情况整理汇总后，于每年的4月底和10月底前报省教育厅和省财政厅审核，据此向流入地核拨公用经费，所拨经费在流出地下一年度的公用经费中扣除，做到"钱随人走"。

电子教育券实际上也便于对教育经费划拨的准确控制。电子化操作更加便捷，仅限于本省户籍的进城务工人员随迁子女。

③积分制排序

广东省是全国主要人口流入大省之一，进城务工人员随迁子女数量巨大，靠现有公办学校资源根本无法解决这些随迁子女的义务教育问题，部分城市公办学校接收进城务工人员随迁子女的条件显得尤为苛刻。

广东省中山市和惠州市采用积分制来管理流动人口子女的义务教育问题。对流动人口的职称、学历、居住情况、投资纳税、慈善公益及计划生育等一系列情况进行综合评定，评分高的其子女优先入公办学校就读。

积分制显然青睐高级人才和高收入流动人口，大多数处于社会底层的进城务工人员基本被排除在积分排名之外，他们的随迁子女也被排除在了公办学校之外。这种义务教育提供方式显然只注重了效率而有失公平。

## 五 小结

可以看到，为了缓解人口流动所带来的城镇资源严重不足和流动人口子女无法平等享受均等的公共服务的状况，政府采取了相应的措施加以应对，并在此基础上取得了一定的成效。自2001年实行"地方政府负责，分级管理，以县为主"的农村基础教育管理体制开始，基础教育资源的配置主体实际上是处于基层的县级政府。2002年，60%以上的县市教育支出超过财政支出的40%，许多县市甚至出现了教育支出占整个财政支出70%~80%的现象（国务院发展研究中心，2004）。如果没有一个明确的政策导向，面对"城""乡"教育资源投向严峻的抉择难题，加上财权上收的分税改革，或多或少会让地方政府陷入更加困难的财政收支状况中，使得农村留守儿童可以享受到的教育资源面临严重缺乏的局面。

## 第二节　中国的城镇化与人口迁移

2010 年第六次全国人口普查结果显示，我国城镇人口占总人口的比例为 49.68%，与第五次人口普查相比，城镇人口比重上升 13.46 个百分点。大规模的人口从农村流向城镇，一方面，对我国的城镇化过程中区域经济均衡发展和产业集聚有重大影响[①]（姚枝仲等，2003；刘传江、段平忠，2005；范建勇等，2004）；另一方面，流动人口的分布和流向也对我国的公共服务支出水平和配置提出了一定的挑战（夏纪军，2004；付文林，2008；王丽娟，2010）。

根据第六次普查数据，我国总的迁移人口[②]规模约 2.6 亿，其中省内流动人口规模约为 1.75 亿，占全部流动人口的 67.31%。流动人口主要分布在城市和建制镇，其中流入建制镇的人口比重为 46.7%，超过了流入城市的人口比重（40.6%）（叶裕民等，2004）。也就是说，流动人口大量集中在县镇，随之迁移的适龄就学儿童的数量也迅速增加。从我国基础教育的规划上来说，这种情况给传统上以户籍学龄儿童为招生对象的教育系统，提出了新问题；另

---

[①] 邹湘江（2011）指出，除了农村人口落户到城镇和流动到城镇带来的城镇人口增加，还包括城镇人口的自然增加和城乡地域划分引起的城镇人口增加。

[②] 根据《2010 年第六次人口普查主要数据公报》（第 1 号），该项数据是指人户分离人口，即居住地与户口登记地所在的乡镇街道不一致且离开户口登记地半年以上的人口，包括市内人户分离和流动人口。

外，农村人口流向县镇使得以生源为关键指标的农村教育体系，资源的闲置导致农村地区的基础教育运行成本增加，效率大幅降低。

面对低效的农村教育系统，留守儿童是最大的受害者。因此，从优化县域内基础教育资源在城乡之间的配置的视角，探讨解决基础教育均衡发展的问题，可以为基层地方政府如何有效配置农村基础教育资源，乃至提高基础教育资源的使用效率，最终实现城乡基础教育的均衡发展，提供实践性更强的决策建议。

下面将利用统计数据，描述近年来我国农村、县镇和城市三个区域的基础教育阶段的学生数量变化情况，对改革开放以来我国农村基础教育投入政策进行梳理，从城乡分割的角度，总结城镇化和人口迁移对我国基础教育资源城乡间配置提出的挑战。

## 一　基础教育阶段学生数量变化基本情况：农村地区和城镇地区

城镇化伴随着劳动力流动，随迁子女数量的增加导致了农村的适龄就学儿童大量减少。这些随迁子女的流动方式主要是"省内县域间"或者"跨省"流动。2012 年，我国普通小学在校学生人数为 9695.9 万人，包括进城务工人员随迁子女 1035.5 万人，其中外省迁入就读的学生数量和本省外县迁入的学生数量分别为 498.7 万人和 536.9 万人。从招生数来看，2012 年进城务工人员随迁子女数量为

2008.6 万人，其中外省迁入和本省外县迁入的招生数分别为 100.9 万人和 100 万人。①

　　流动人口子女离开农村之后的就学地，多集中在县镇或者位于城市边缘的城乡接合部。总体上看，受到人口自然增长率下降等因素的影响，全国的小学生人数在 1990 年到 2010 年减少了 2300.7 万人，其中农村地区小学生数量由 1990 年的 9595.6 万人减至 2010 年的 5350.2 万人，县镇和城市地区的小学生数量分别有所增加，在 21 年间分别增加了 1465.4 万人和 479.3 万人，如图 3－1 所示。自然减员和人口流动导致的农村地区适龄儿童的减少，造成了农村地区小学生数量占全国小学生数量的比例大幅下降，由 1990 年的 78.39% 下降至 2010 年的 53.82%。

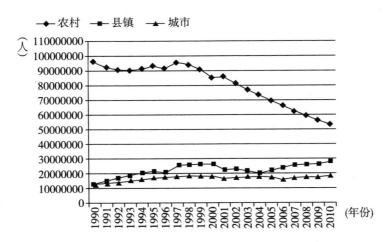

**图 3－1  1990～2010 年农村、县镇和城市地区小学生人数**

---

① 《中国统计年鉴 2013》。

从图 3 - 1 中还可以看出，2001 ~ 2010 年间农村地区小学生数量的下降幅度比 1990 ~ 2000 年间的下降幅度更大。1990 ~ 2000 年，尽管农村全国小学生数量减少了 1091. 9 万人，全国小学生数量依旧呈现上升状态，这期间，县镇和城市的小学生数量分别增加了 1388. 3 万人和 457. 5 万人。2001 ~ 2010 年，农村地区的小学生大幅减少，减少幅度约为 1990 ~ 2000 年的 3 倍，超过了这一时期全国小学生数量减少的总量（农村地区减少 3153. 5 万人，全国减少 3072. 6 万人）。

另外，县镇地区小学生人数增加的幅度明显大于城市地区（超过了城市地区增加数量的 20 倍）。从占全国小学生数量的比例来看，县镇地区的小学生人数占全国的比例由 2001 年的 18.00% 上升到了 2010 年的 27.87%，上升了将近 10 个百分点，而城市地区的小学生人数占全国总数的百分比仅上升了 5 个百分点。也就是说，农村地区不断减少的基础教育阶段学生，大部分流向县镇，补充了人口自然减员而造成的生源减少的部分。

一项针对陕西省进城务工人员随迁子女接受义务教育状况的调查显示，2006 ~ 2008 年的 3 年间，城市小学生增加了 20235 名，县镇小学生增加了 58241 名；城市初中生增加了 2979 名，县镇初中生增加了 52037 名。

1990 ~ 2010 年农村、县镇和城市地区初中学生数量的变化情况与此类似，如图3 - 2所示。

整体上看，与小学生数量不同的是，全国范围内的初中阶段学生人数在 21 年间呈上升趋势，从 1990 年到 2010

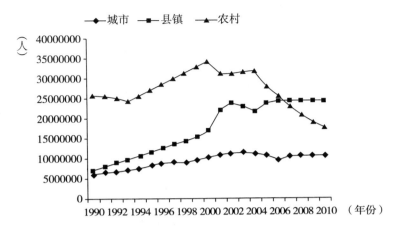

**图 3－2　1990～2010 年农村、县镇和城市地区初中学生人数**

年增加了 14073619 人；城市和县镇的初中学生数目分别增加了 458 万人和 1731 万人，而农村地区初中阶段学生数则减少了 781 万人。1990 年到 2000 年，城市、县镇和农村地区的初中学生数均有所上升，其中，县镇的初中学生数在 11 年时间里增加的数量最多，约 1003 万人。

　　从 2001 年到 2010 年，全国初中阶段的学生数量也表现出与小学阶段一样的大幅减少的特征，到 2010 年，全国初中阶段学生数减少了 1155 万人，农村地区减少了 1336 万人，而县镇地区增加了 186 万人。

## 二　城镇化背景下基础教育阶段学生变化特征

　　总体上看，1990 年至 2010 年，我国小学阶段的在校学生数下降趋势明显，初中阶段在校生数量则有所上升。从地域范围来看，2001 年至 2010 年，无论小学还是初中阶段，农村地区的在校学生数量都呈现大幅减少的状态，下降幅度甚至超过全国小学与初中在校生减少数量的总和。也就是说，农村地区基础教育阶段的在校生人数明显减少，综合考虑子女随迁以及自然减员等因素的影响，县镇地区是农村迁移家庭子女就学地的主要选择。

农村基础教育阶段的学生大量流入县镇的原因，多半与县城与农村距离近，更方便就学以及县镇的花费比城市更少有关（李玉英等，2009）。这同时也意味着，县镇地区的基础教育资源的容纳能力面临着比城市更大的考验。基于这一点，本书选取了县级层面为研究范围。

## 第三节  本章小结

经过近30年的基础教育财政体制改革，农村基础教育越来越受到重视，各级政府在农村基础教育供给中的"财权"和"事权"也逐渐明晰。2012年，全国公共财政教育支出（包括公共财政预算教育事业费拨款、基建拨款和教育费附加）为20413.17亿元，其中，农村地区生均公共财政预算教育事业费为6017.58元，比上年的4764.65元增长了26.30%，高于全国普通小学此项指标的增长幅度。

然而，财政经费的增长在面对人口流动所带来的城乡资源配置的新挑战等问题中，显得有些"力不从心"。一方面，随迁子女大量涌入城镇，需要更多的校舍、师资以及教学设备辅助日常的教学。目前看来，加大城镇地区的基础教育财政投入，是缓解城镇化过程中人口大量由农村流入城镇所带来的对基础教育需求的增长的必要措施。另一方面，留在农村地区就学的学生数量减少，对农村地区学校资源利用的"规模效应"逐渐降低，这意味着对农村学校的财政经费投入越来越缺乏"效率"。这些问题必然会损害农村地区基础教育的公平性，地方政府面临着在效率与公平两者之间进行取舍的两难局面。

　　面对新的挑战，政府也在不断尝试采用新的政策制度，消除人口流动障碍，并试图放宽流动人口子女在城镇接受基础教育的限制。例如上文提到的取消进城务工子女的借读费及个别城市针对进城务工子女就学所采取的教育券等补贴措施，以及逐步扩大"两免一补"覆盖范围等政策，都表明地方政府正在从制度支持的角度，促进人口的自由流动，消除"城乡分割"状态。根据第二章的理论观点，地方政府在实际执行相关政策时，很有可能从自身的利益角度出发，忽视弱势群体的公平。因此，下一章将以农村小学学校撤并为例，分析地方政府在应对农村生源减少时所采取的措施及其背后的行为动机。

# 第四章 学校撤并：政府应对农村生源减少的措施及其效率导向的动机探讨

　　随着城镇化加速，由于人口聚集程度、经济社会发展水平以及教育事业发展的明显差异，改变我国"依据行政区划"对地方教育进行布局的旧模式，即由"县办高中，乡办初中，村办小学"的布局理念转向按人口规模和转移趋势规划布局地方学校，将成为必然的发展趋势。

　　目前，全国81.07%的基础教育阶段的学生（其中初中阶段农村和县镇地区的学生数量占全国的79.93%，小学阶段则为81.68%）集中在我国县域范围，[①] 考察县域内的基础教育资源配置状况对教育资源布局调整方面的研究具有代表性。随着基础教育管理体制的改革，为了配合生源、师资与校舍等基本资源建设，撤乡并镇或在中心镇发展高中阶段教育，在乡镇或中心村办小学逐渐成为农村教

---

　　① 根据《中国教育统计年鉴》对于全国学生数量的统计方式，将城市地区以外的县镇与农村地区称为"县域"。

育资源配置的一项"规则"。由于农村地区生源不断流失，按照"人头"下发的学校资金也不断减少，特别是偏远地区，薄弱学校①越来越多，呈现办学条件越来越差，教育质量越来越低的局面。就是在这种情况下，出现了以"适当合并""整合资源"为主要施政意图的"布局调整"，在此过程中出现了新的问题。

2006 年，教育部发布的《关于实事求是地做好农村中小学布局调整工作的通知》中指出，总体上看，虽然布局调整工作取得明显成效，但是出现了一些交通不便地区的小学和教学点上学难、一些学校大班额、寄宿制学校建设滞后及学生食宿条件较差等问题。对于这种基础教育资源配置愈发朝不均衡方向发展的现象，越来越多的研究将注意力转向地方政府的撤并动机和行为逻辑。范先佐（2006）指出，除了城镇化、农村生源减少以及农村税费改革造成的县乡财力紧张等因素以外，追求办学的"规模效益"是县级政府进行中小学布局调整的初始动力。熊向明（2007）的研究直接指出，地方政府实施布局调整政策的最初动力是为了"减轻政府的财政负担，追求规模效益"，以上研究从现象和理论上给出了解释，并未做出实证检验与分析。

本章将首先简述农村小学布局调整的背景与政策，在此基础上，从"撤并"政策带来的影响出发，运用实地调研和统计数据，对比城乡学校以及校均学生数量的变化、农村

---

① 薄弱学校的学校基础设施、师资水平、教育质量等明显低于国家办学条件标准的最低要求。

地区的"点校"运转状况以及地方财政资金在城乡之间基础建设上的分配，并辅以相关案例对县域内，特别是农村地区的资源配置实际情况进行深入的剖析。本文将验证地方政府在这场"布局调整"政策实施过程中的行为动机。

## 第一节　农村学校布局调整的背景与政策

农村教育布局调整政策最早可以追溯到 20 世纪 80 年代，1986 年《中华人民共和国义务教育法》颁布以后，我国进行了第一次较大规模的农村中小学布局调整。这次的布局调整主要以农村初高中为重点，撤并了一批规模过小的"麻雀校"。随着城镇化进程的深入，一些偏远地区农村仍存在生源和师资匮乏状况，在"普九"和"两基"攻坚计划的推进下，我国农村地区对平衡"就近入学"与"集中资源"之间关系的教育资源布局调整的需求越来越强烈。1995 年，教育部、财政部联合组织"国家贫困地区义务教育工程"第一期（五年）工程，实施范围集中在 22 个省区的 852 个贫困县，其中，"推进中小学布局调整"被列为项目县四大重要目标之一。

而在进城务工人员随迁子女逐年增加、农村人口出生率持续降低，农村学龄人口不断下降等因素的推动下，2001 年，以整合教育资源，提高教育质量，最大限度发挥规模效益为目标的农村教育布局调整政策被推向全国范围，国务院发布的《关于基础教育改革与发展的决定》中，将调整农村义务教育学校布局列为一项重要工作，并强调要

"因地制宜调整农村义务教育学校布局，按照小学就近入学、初中相对集中、优化教育资源配置的原则，合理规划和调整学校布局；农村小学和教学点要在方便学生就近入学的前提下适当合并，在交通不便的地区仍需要保留必要的教学点，防止因布局调整造成学生辍学；学校布局调整与危房改造、规范学制、城镇化发展、移民搬迁等应统筹规划；调整后的校舍等资产要保证用于发展教育事业，在有需要又有条件的地方，可举办寄宿制学校"。

为了配合布局调整工作的顺利推行，2002 年和 2003 年，国务院和财政部分别下达了《关于完善农村义务教育管理体制的通知》和《中小学布局调整专项资金管理办法》，进一步推动农村中小学的布局调整工作。伴随《国家西部地区两基攻坚计划》实施而展开的"农村寄宿制学校建设工程"，在 2004 年到 2007 年获得中央财政拨款 100 亿元，加之寄宿制学校住宿和伙食等的收费项目，客观上调动了县级政府修建寄宿制学校的积极性，并加大了对农村中小学布局调整的力度。下文将运用统计数据和实地调研资料对这项持续 10 年的政策的实施结果和问题做出总结，并从出现的问题出发讨论布局调整过程中的政府行为。

## 第二节　农村学校布局调整政策的实施带来的影响

### 一　城乡学校数量和规模的变化

布局调整政策缘起于农村地区生源的骤减，这项政策被全面推广始于 2001 年，2001 年到 2010 年的 10 年时间里，农村小学生源流失数量高达 3254.6 万人，是 1990 年到 2000 年的 3 倍还多。一般来说，自然减员、随外出务工的父母迁至城镇以及政令等因素均能够导致农村小学数量的变化，如图 4 - 1 所示，在布局调整政策执行的 10 年时间里，全国小学在校生人数总量减少了 2602.8 万，农村地区小学在校生在这个时段里减少的数量超过了全国减少的幅度。与之产生对比的是，县镇和城市的小学生数量均有所增加，其中，县镇地区小学在校生占全国小学生数量的比例由 2001 年的 18% 上升到了 2010 年的 27.8%，上升将近 10 个百分点，同样的比例在城市地区上升了 5 个百分点。从这样的数量变化可以推断，农村地区减少的生源，补充了城镇学龄儿童自然减员造成的小学阶段生源减少的部分，县镇地区增加的小学生数量比城市地区更多。

**图 4 - 1　1990 ~ 2010 年全国小学在校生数量变化**

资料来源：《中国教育统计年鉴》。

全国初中阶段的在校生人数在布局调整政策实施的 10 年时间里减少了 1155.14 万人。如图 4 - 2 所示，与小学阶段不同，布局调整实施之前的 11 年时间里（1990 年至 2000 年），城市、县镇和农村地区的初中人数均呈现增长趋势，其中县镇地区在校生增加的数量（1003.12 万人）最多。政策实施之后，农村和城市地区的初中在校生数量都有减少，与农村地区初中在校生数量减少1336.83 万人的数量形成鲜明对比的是，县镇的初中在校生增加了 186.80 万人。截至 2010 年，县镇地区的初中在校生人数占全国初中在校生人数的比重，从 1990 年的18.13% 增长到 46.10%，农村地区此项比重从 1990 年的66.33% 下降到了 33.82%。

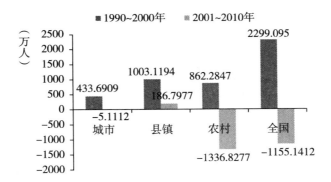

**图 4 - 2　1990～2010 年全国初中在校生数量变化**

资料来源：《中国教育统计年鉴》。

　　从学校数量上看，农村地区小学学校数量在布局调整政策实施期间，减少幅度最为显著，一共减少了 20.5万所，平均每天减少 56 所。结合上文对小学在校学生数量变化的分析，从校均规模上看，如图 4 - 3 所示，自2001 年布局调整政策实施之后，全国 3 万多所县镇小学，从 2000 年不到 400 人的校均规模，猛增到 2010 年平均每个学校 919.8 人。相比之下，农村小学校均规模维持在一个较为稳定的水平（200 人左右）并略有上升。也就是说，地方政府对农村地区的小学实施的布局调整政策，达到了集中资源办学的目的。这种简单的"撤销"与"合并"学校的做法，对偏远或地处山区的学生来说，造成了上学路途远，容易引发交通事故，食宿费用的增加造成不必要的家庭经济负担，甚至导致辍学现象的大量发生。

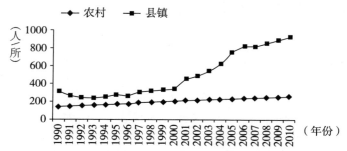

**图 4 - 3　1990 ～ 2010 年农村和县镇小学校均学生人数**

资料来源：《中国教育统计年鉴》。

在布局调整政策实施过程中，农村地区初中阶段的学校数减少了 6353 所，县镇初中学校增加了 2233 所。维持了 10 年以上的校均规模上升趋势，在布局调整政策实施之后，农村地区的初中校均规模开始下降。如图 4 - 4 所示，由 2001 年平均每个学校 891 人下降到 2010 年的平均每校 622 人；县镇地区的初中学校在大量涌入生源，有新校舍补充的情况下，校均规模维持在 1300 人左右，略有下降。

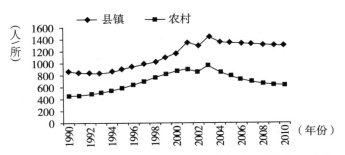

**图 4 - 4　1990 ~ 2010 年农村和县镇初中校均学生人数**

资料来源：《中国教育统计年鉴》。

综上所述，布局调整政策实施之后，在学生、学校以及教育资源的配置中，农村地区的小学面临着比初中更大的"撤点并校"压力，而县镇小学的容纳能力在大量涌入的生源面前，面临极大的挑战。下面将以实地调研资料为依据，对上述结论做具体分析。

## 二　布局调整政策实施之后点校运行困境

理论上来说，撤点并校政策的初衷是在农村小学就学人数不断下降的情况下，将农村地区教育资源集中，最终达到优化资源配置的目的。根据实际调研的情况，农村留守儿童并没有条件集中到公办小学，尤其是我国偏远地区的农村，"一生一校"的状况仍然大量存在。

在调研过程当中发现，农村地区学校、学生和教师分布的实际情况，远比统计数据复杂。具体情况是，几乎每个乡都会有一到两个中心小学，主要用来接纳和集中适龄的就学儿童。这种学校的资源往往更加集中，并且经费与师资的配备也会更加充足。除了中心小学，其他教学点得到的资源配置都远远不能满足实际教学需要。

## 案例4-1 中心小学和"点校"的资源配置

在河南和甘肃两省的调研中都发现，除了教师和学生的集中，地方政府在教育资源配置过程中，还倾向于将大量的人力、财力投入某一所学校，如中心小学（或集镇所在学校），保证其发展。在对 HC 县 FD 镇中心校①校长的访谈中，校长告诉笔者，2011 年的经费资源将重点投向 LD 小学、XS 小学以及中心小学，前两者是因为位于离集镇较近的地方，因此食堂、宿舍以及周转房等的大项目基本上划给了这 3 所学校，距离集镇较远的农村小学几乎得不到除了公用经费以外的任何钱。另外，原本就缺乏教师的农村小学，因为地理位置偏远，想要留住老师就更难了。这些缺乏教师的农村学校只能依靠"聘用教师"勉强维持日常教育，"聘用教师"的工资少则三四百元，多则上千元，而这些经费支出只能挤占公用经费。

SYG 乡是 HC 县所有乡镇当中"一师一校"的教学点数目最多的乡镇。实地调研发现，8 所教学点中，有 3 所仅有 1 个专任教师，其中两所为"不完全"的三规和两规制"点校"，其中还存在一所 240 人的教学点，仅配有一个教职员工②的情况。从对 SYG 乡中心校校长的访谈中了解到，该乡 40% 的学生为留守儿童，教师资源有很大缺口。全乡 112 个

---

① 中心校目前作为整个乡（镇）的教学管理机构，对教育资源，包括师资、经费等进行统一调配，实际上并不是"学校"的概念。

② 不具有专任教师资格。

专任教师，实际在岗的仅有 80 人，[①] 按照中心校校长的说法"其他的都是老弱病残，另外一小部分被借调。特岗教师分来不久就走了，根本不解决实际问题"。

资料来源：笔者根据 2012 年实地调研访谈材料整理。

学生的平均分布可以平衡教育经费在各学校之间的配置。在撤并政策的引导下，生源和师资多数流向中心小学或者县城小学，大多数留守儿童就读的"点校"资源严重缺乏。由于学生少，"按人头"划拨的公用经费不能够维持其正常的日常开销。

## 案例 4-2  GL 县 LC 村"点校"运转困境

GL 县 LC 村小学（以下简称"村小"）的学生近年来一直在减少，但是由于 LC 村面积广，一些离集镇或者县城远的学生依然对 LC 村小有就学需求。因此，即使经费紧缺，村小也一直未能撤并，校长对目前逐年减少的生源和留守学生的就学现状表示担忧。访谈中，LC 村村小校长大致估算了该校一个学期的日常开销如下。

水费：50 元/月。

电费：150 元/月。

办公用品（包括打印复印纸张）：75 元/月。

打扫工具：300 元/学期。

---

① 这种现象并不只存在于 SYG 乡，实地调研的绝大多数乡镇教师资源缺乏，师资力量薄弱、年龄偏大是目前农村教师资源的普遍现象。

报刊费：500 元/学期。

冬季取暖费：18000 元（5 个教室、6 个办公室、2 个宿舍和 1 个厨房，1 吨炭可以供 2 个教室使用，1 吨炭供 1 个办公室使用，1500 元/吨炭。10 月底开始烧炭，按 5 个月计算）。

寄宿生生活老师（两人，由学校老师兼任）：600 ~ 800 元/月。

交通费等：3000 元/学期。

总计：30650 ~ 33050 元/学期。

2012 年秋季学期该校一共有 35 个在校生，按照每学期生均公用经费 200 元算的话，一个学期学校可支配的公用经费仅为 7000 元，可支配公用经费与实际需要的经费数额之间悬殊的差距，造成了学校的运转只能依靠县教育局上年结余的公用经费，[①] 或者县里的补贴款项稍微弥补一些，但这些"弥补"往往是杯水车薪，并不能起到从根本上解决问题的作用，至于"改善"农村小学，尤其是最需要资源的村小的教育质量就更无从谈起了。

资料来源：笔者 2012 年甘肃省 GL 县 LC 村小访谈资料。

实际上，对于偏远地区那种仅有几个学生就学的"点校"，国家采取了"追拨"公用经费或者"提标"的方式，

---

① 笔者与 HC 县教育局计财股相关人员的访谈得知，由于统计数据与拨款期滞后等问题，公用经费每年会有一定数量的结余，县里按小学 100 元/人和中学 500 元/人的标准，以"补助薄弱学校"的名义发放给运转困难的农村小学。

勉强维持其日常开销。<sup>①</sup>虽然政府使用了追拨款的方式支撑这种点校的运行，但是缺乏教师资源造成的农村地区教育质量落后的状况，依然需要引起相关部门的重视。

　　一方面规模越小的学校，师资流失情况越严重，这种由生源流失所带来的"不规模""无效率"特征，是导致农村小学的撤并政策能在短时间内迅速展开的重要原因。虽然地方政府有集中资源"办大事"的"效率导向"行政思维，但是地方政府忽略一些偏远地区弱势群体的利益，最终造成少数农村居民享受不到相应的公共服务资源。下文将从地方政府对基本建设等项目资金的实际分配及其回归分析结果，对上述结论加以验证，并总结出"推进城镇化"和"集中教育资源，提高办学效益"等因素，是导致地方政府推动农村小学"过度"撤点并校的"效率导向"的根本原因。

## 三　财政教育资源投入偏向城镇

　　撤点并校政策实施之后，农村小学的生源不仅往农村地区的中心校集中，而且有相当一部分生源随外出务工的农村居民迁入了县城。地方政府对教育资源配置的"效率导向"突出表现为，将资源配置重点向人口相对集中的县镇地区倾斜。

　　从资金的使用情况角度看，我国基本基础教育支出分

---

　　① 《关于规范农村义务教育学校布局调整的意见》（国办发〔2012〕48号）规定"提高村小学和教学点的生均公用经费标准，对学生规模不足100人的村小学和教学点按100人核定公用经费，保证期正常运转"。

为事业性支出（通常包括公用经费和人员经费）和基本建设支出，前者保证学校的日常运行，后者则形成了学校办学的基本条件。自 2006 年中央政府采取"农村义务教育保障新机制"改革以来，虽然在保障公用经费方面有突出作用，但是对属于资本性支出的农村中小学的"基本建设经费"，类似的"保障"机制则尚未正式确立。

2007 年北京大学中国教育财政科学研究所承担的国家财政部"新机制"的研究课题，分析了自 1997 年和 2003 年以来的基本建设经费来源构成（小学分为城市小学或县直小学、乡镇中心小学和村完全小学，有效样本分别为 18 个、49 个和 36 个），如下表 4-1 所示。

**表 4-1　城市、县（乡）和村完全小学学校基本建设经费来源构成**

单位：%

| 经费来源 | 城市小学或县直小学 | | 乡镇中心小学 | | 村完全小学 | |
|---|---|---|---|---|---|---|
| | 1997 年以来 | 2003 年以来 | 1997 年以来 | 2003 年以来 | 1997 年以来 | 2003 年以来 |
| 学校自筹经费 | 64.90 | 62.66 | 42.21 | 32.8 | 22.79 | 27.01 |
| 县级政府拨款 | 23.46 | 19.75 | 19.71 | 26.45 | 11.57 | 14.54 |
| 县级以上政府拨款 | 2.23 | 16.31 | 10.01 | 14.59 | 15.91 | 15.25 |
| 其他（如企业办学、社会捐助） | 3.86 | 1.28 | 3.52 | 0.53 | 21.26 | 6.62 |

资料来源：丁延庆等：《我国义务教育基本建设经费保障机制的建立》，2013 年 8 月 18 日，http://mxliuvip.blog.sohu.com/274486690.html。

可以看出，2003 年以来，在城市小学或县直小学、乡镇中心小学和村完全小学三类学校的基本建设投资来源中，"村完全小学"的"学校自筹经费"是三类学校中唯一一个比例有所上升的，从"1997 年以来"的 22.79% 增加到"2003 年以来"的 27.01%，同时，县级以上政府拨款所占比例有所减少的也仅有"村完全小学"。虽然在城市小学或县直小学的基本建设投资中，学校自筹经费比例远高于农村地区小学的基本建设投资比例，但是自 2003 年以来，无论是县级政府还是县级以上政府拨款占比，对村完全小学的该投入比例均低于城市小学或县直小学，且两级政府拨款比例均在下降。

在 HC 县的实地调研过程中，也发现了这种资源配置的城镇倾向性。2009～2011 年，参与"校安工程"项目的农村小学数目超过了 HC 县学校总数的一半，三类小学占比分别为 85.19%、78.26% 和 75%。与县城小学相比，农村小学获得的"校安工程"项目资金比例呈现下降趋势。按照 2012 年的规划，农村小学此项工程的经费将继续下降。详见表 4-2。

这种随人口流动方向分配基础教育资源的政府行为，在一定程度上印证了地方政府在撤并政策的实施上更有可能倾向于"集中财力"实现"规模效应"，[①] 并非完全从学生的角度考虑，在考虑基础教育的可获得性、农村地区教育质量以及公平性的前提下，实施合理的撤并措施。

---

① 县域内的基础教育资源均由县教育局统一部署和分配，因此该类型的"偏向性"将表现得更加明显。

表4-2 HC县2009～2012年"校安工程"资金来源与城乡投向

| 年份 | 项目学校数（所） | | | | | 资金来源（万元） | | | | | 资金投向 | | | | | |
|---|---|---|---|---|---|---|---|---|---|---|---|---|---|---|---|---|
| | 合计 | 农村小学 | | 县城小学 | 中学 | 合计 | 中央专款 | 省级财政资金 | 县级财政资金 | 农村税费改革转移支付4% | 合计（万元） | 金额（万元） | 校舍建设 | | | |
| | | 农村小学总数 | 其中:中心小学 | | | | | | | | | | 合计 | 面积（平方米） | | 行政办公用房 |
| | | | | | | | | | | | | | | 教学及辅助用 | 生活用房 | |
| 2009 | 27 | 23 | 5 | 4 | 4 | 900 | 450 | 392 | 58 | | 900 | 900 | 11753 | 11203 | 550 | |
| 2010 | 23 | 18 | 7 | 4 | 1 | 900 | 450 | 232 | 58 | 160 | 900 | 900 | 10057 | 8859 | 1198 | |
| 2011 | 12 | 9 | 2 | 2 | 1 | 900 | 450 | 232 | 58 | 160 | 900 | 900 | 9939 | 9399 | 540 | |
| 2012（规划数） | 28 | 18 | 3 | 2 | 10 | 900 | 450 | 232 | 58 | 160 | 900 | 900 | 13367 | 8327 | 5040 | |

资料来源：笔者根据2012年实地调研资料整理。

如果说教育资源的布局调整是需要在"就学机会公平"和"提高规模效益（减少办学成本）"之间相互权衡的决策过程，那么，究竟是怎样的决策机制导致地方政府在布局调整政策的实施过程中，忽视一些偏远地区学生的利益，将村小与教学点合并以集中资源，推进农村中小学向县镇流动，甚至通过"学校进城"迫使"学生进城"？[①] 下面将通过一个实证模型分析影响地方政府撤点并校行为的因素，讨论地方政府在执行这项政策背后的真正动因。

## 第三节　地方政府"撤并"农村学校的行为分析

中国的城镇化是典型的"政府主导"模式（李强等，2012），在城乡资源配置中，地方政府容易从自身利益角度出发，在积极推进城镇化的政策导向下，将资源偏向城镇配置。在学生数量固定或有所减少的状况下，生均成本决定了教育投入的总成本，在一个固定的区域中，随着学校规模的扩大，生均成本是下降的。通过扩大学校规模降低办学成本的农村学校撤并行为，对于财力紧张的地方政府具有激励作用。

在缓解地方财政压力的激励下，以提高资源利用效率和提高教育质量为原则制定的农村小学"撤并"政策在实

---

[①]　周大平：《农村学校布局调整的曲与直》，2013 年 6 月 17 日，http://news.sohu.com/20130617/n378995193.shtml。

施 5 年之后，其中的"过度"撤并行为，最终导致了农村地区学生的就学难、上学路途远、交通安全事故频发及家庭教育负担加重，甚至辍学等一系列与政策初衷相悖的后果，在 2006 年被叫停。2006 年教育部《关于实事求是地做好农村中小学布局调整工作的通知》中强调"有的地方工作中存在简单化和'一刀切'情况"。也就是说，这项本应属于"常态化"的教育资源配置政策，其实施过程中的行政的强制推动力，导致了政策价值和目标的严重变形。2012 年国务院办公厅发布《关于规范农村义务教育学校布局调整的意见》，要求县级人民政府"制定农村义务教育学校布局专项规划"，坚决制止盲目撤并农村义务教育学校，广泛听取学生家长意见，在保障学生就近上学需要的前提下，"不得强行撤并现有学校或教学点。已经撤并的学校或教学点，确有必要的由当地人民政府进行规划、按程序予以恢复"。

## 一 数据选取与统计分析

由上述分析可知，绝大多数地区所呈现出的"减少农村学校数量"和"扩大县镇学校规模"的城乡基础教育资源配置行为，都可能与减少教育财政投入、减轻地方财政负担和缓解地方政府财政困境有关。而地方政府在追求"规模经济"[①] 的效率导向以及自身财力缺乏的情况下，

---

① "规模经济"是指生产或经销单一产品的单一经营单位所增加的规模减少了生产或经销的单位成本而导致的经济效应。

往往是忽略公众利益的，这种对城镇化的过分追求会造成公众公共服务的获得和享受得不到均衡配置（林万龙，2007）。

为了明确地方政府在撤并政策实施过程中究竟受到哪些动因的影响，我们将考察除"生源减少"等自然减员的因素外的其他非教育因素对农村小学数量的影响。根据以上分析，下文将采用 1998～2010 年全国 30 个省、自治区和直辖市的统计数据，验证地方政府撤并行为中的"效率"动机。主要变量的名称和统计特征见表 4 - 3 和表 4 - 4。

**表 4 - 3  变量名称及定义**

| 变量名称 | 代表变量 | 变量定义 | 单位 |
|---|---|---|---|
| *school* | 农村小学学校数 | 各省历年农村地区小学学校数量 | 所 |
| *pergov* | 省人均财政收入 | 地方财政一般预算收入/该省当年人口数 | 亿元/万人 |
| *afford* | 省财政自给率 | 地方财政一般预算收入/地方财政一般预算支出 | % |
| *urban* | 城镇化率 | 城镇人口占省人口比重 | % |
| *pergdp* | 经济发展水平 | 各地地区生产总值/该省当年人口数 | 亿元/万人 |
| *ruralper* | 地方政府对农村小学的财政支持力度 | 各省农村小学教育经费/各省一般预算财政支出 | % |
| *density* | 省人口密度 | 常住人口/各省土地面积 | 人/平方千米 |
| *y01* | 政策虚变量 | 撤并政策实施年份（2001 年） | |

续表

| 变量名称 | 代表变量 | 变量定义 | 单位 |
|---|---|---|---|
| *y06* | 政策虚变量 | 规范撤并政策年份（2006 年） | |
| *student* | 农村小学学生人数 | 历年农村小学在校生人数 | 万人 |
| *teacher* | 农村小学专任教师人数 | 历年农村小学专任教师人数 | 万人 |

注：上表"人口密度"中的"常住人口"数据来源为各省统计年鉴（个别年份"常住人口"数据缺失，在 stata 中用插值法补齐），如《湖北统计年鉴》；"土地面积"来源于《中国区域经济统计年鉴》；"城镇化率"数据一部分来源于《中国人口与就业统计年鉴》，一部分笔者根据各省统计年鉴中的"常住人口"及"常住人口中的城镇人口部分"推算出来，缺失数据用插值法补齐。

表 4 - 4　变量统计特征

| 变量名称 | 观察值 | 均值 | 标准差 | 极大值 | 极小值 |
|---|---|---|---|---|---|
| *school* | 390 | 11466.01 | 8990.08 | 41474 | 8 |
| *urban* | 390 | 0.44 | 0.16 | 0.89 | 0.14 |
| *pergov* | 390 | 0.15 | 0.20 | 1.32 | 0.02 |
| *afford* | 390 | 0.53 | 0.19 | 0.96 | 0.15 |
| *pergdp* | 390 | 1.65 | 1.38 | 7.83 | 0.23 |
| *student* | 390 | 2443306 | 1983567 | 8913075 | 4334 |
| *teacher* | 390 | 118303.2 | 81553.37 | 382192 | 332 |
| *ruralper* | 390 | 0.05 | 0.02 | 0.12 | 0.01 |
| *density* | 390 | 398.13 | 531.72 | 3632 | 7.01 |

注：本文中各省农村小学学校数、农村小学在校生数和农村专任教师数据来源于《中国教育统计年鉴》；各省农村小学教育经费支出来源于《中国教育经费统计年鉴》；其他数据未做特殊说明，均来源于《中国统计年鉴》。

## 二　实证模型与估计结果分析

本节将建立面板数据模型，分析地方政府撤并行为的决策影响因素，建立如下模型。

$$school_{it} = \alpha_i + \beta_1 urban_{it} + \beta_2 FISCALABILITY + \gamma M + \delta D + \varepsilon_{it}$$

其中的下标 $i$ 和 $t$ 分别代表了第 $i$ 个省和第 $t$ 年，$\gamma$ 和 $\delta$ 是系数矩阵，$\beta_1$、$\beta_2$ 是系数，$\varepsilon_{it}$ 是残差项。

使用 1998～2010 年的省际面板数据，因变量是各省历年农村小学学校数（$school$），变量是各省财政能力（$FISCALABILITY$）和各省城镇化率（$urban$）。

本文将选取两个变量来表示各省财政能力（$FISCALABILITY$），分别是人均财政收入 $pergov_{it}$ 和财政自给率 $afford_{it}$。按照已有的研究，文中将财政自给率定义为地方财政一般预算收入与地方财政一般预算支出的比值，数值越大表示地方财政自给程度越高。具体计算方法为：

$$afford_{it} = \frac{pergov_{it}}{perexp_{it}}$$

其中，$pergov_{it}$ 第 $i$ 省第 $t$ 年的一般预算财政收入，$perexp_{it}$ 为第 $i$ 省第 $t$ 年的一般预算财政支出。

$M$ 表示控制变量，包括人口密度（$density$）、各省农村专任教师人数（$teacher$）、各省农村小学在校生人数（$student$）以及农村小学教育经费占当年全省一般预算支出的比例（$ruralper$），$D1$、$D2$ 和 $D3$ 分别代表东中西部地区的虚拟变量，$y01$ 表示撤并政策实施的年份虚变量，$y06$ 表示农村义务教育保障新机制实施的年份虚变量。

按照以上模型设计，回归结果如表 4 - 5 所示，其中模型（1）和模型（3）使用固定效应，模型（2）和模型（4）使用随机效应。根据上文对各省财政能力表示的两种变量选择，模型（1）和模型（2）中使用了各省人均财政收入（表 4 - 5 中变量表示为 *lpergov*）代表地方财力，模型（2）和模型（4）中使用各省财政自给率（*lafford*）来表示。Hausman 检验拒绝了原假设，即非观测效应与解释变量相关，因此，选择固定效应模型进行分析会得到一致（consistent）并且有效（efficient）的结果，下面将对使用固定效应方法估计的模型（1）和模型（3）进行解释。

**表 4 - 5 地方政府对农村小学撤并行为影响因素回归结果**

| 变量名称 | （1） | （2） | （3） | （4） |
|---|---|---|---|---|
| | *lschool* | *lschool* | *lschool* | *lschool* |
| *lpergov_lag* | - 0.256 *** | - 0.284 *** | | |
| | （- 5.44） | （- 6.32） | | |
| *lpergov_lagD1* | - 0.0856 * | - 0.0151 | | |
| | （- 2.06） | （- 0.46） | | |
| *lpergov_lagD3* | - 0.0520 | - 0.0109 | | |
| | （- 1.26） | （- 0.32） | | |
| *lafford_lag* | | | - 0.413 ** | - 0.464 *** |
| | | | （- 3.00） | （- 3.99） |
| *lafford_lagD1* | | | - 0.0745 | 0.0863 |
| | | | （- 0.33） | （0.51） |
| *lafford_lagD3* | | | 0.508 ** | 0.466 *** |
| | | | （2.68） | （3.56） |
| *lurban* | 0.0122 | - 0.0585 | - 0.287 ** | - 0.341 *** |
| | （0.11） | （- 0.57） | （- 2.76） | （- 3.52） |
| *lruralper* | 0.344 *** | 0.309 *** | 0.360 *** | 0.358 *** |
| | （4.31） | （4.01） | （4.44） | （4.58） |
| *lstudent_lag* | 0.335 *** | 0.352 *** | 0.573 *** | 0.566 *** |
| | （3.76） | （4.09） | （6.59） | （6.66） |

续表

| 变量名称 | （1） | （2） | （3） | （4） |
|---|---|---|---|---|
| | lschool | lschool | lschool | lschool |
| lteacher_lag | 0.304** | 0.395*** | 0.105 | 0.197* |
| | (3.16) | (4.43) | (1.07) | (2.14) |
| ldensity | 0.106 | −0.0473 | −0.194 | −0.115* |
| | (0.51) | (−0.94) | (−0.97) | (−2.02) |
| y01 | −0.0573 | −0.0401 | −0.115** | −0.110** |
| | (−1.68) | (−1.21) | (−3.04) | (−3.01) |
| y06 | 0.0617 | 0.0806* | −0.114*** | −0.104*** |
| | (1.52) | (2.02) | (−3.81) | (−3.81) |
| _cons | 0.370 | −0.254 | 1.343 | −0.108 |
| | (0.25) | (−0.33) | (0.90) | (−0.14) |
| FE/RE | FE | RE | FE | RE |
| N | 360 | 360 | 360 | 360 |

注：①模型（1）、模型（2）和模型（3）估计结果的括号内是 $t$ 值，模型（4）估计结果的括号内是 $z$ 值，*、**、*** 分别代表在 10%、5%、1% 的水平上显著。

②为了保证回归的稳健性，"西藏"的数据未包含在内。

③估计过程中，stata 自动删去了有缺省观察值的样本。

④人均财政收入 $pergov_{it}$ 和财政自给率 $afford_{it}$ 均滞后一期；lschool、lpergov、lafford、lstudent_lag 以及 lteacher_lag 分别为上表相应变量的对数形式，以确保回归结果的稳定性。

　　无论是"人均财政收入"还是"财政自给率"表示的都是地方政府财政能力，模型①在控制了教师数量、学生数量、农村教育经费支出占比和相关政策变量的情况下，地方政府财政能力与农村学校数量有很强的相关性。上一年的人均财政收入增加 10%，农村小学学校数量可能减少 2.56%；

---

① 由于财政投入的效果往往具有滞后性，在模型中分别使用了滞后一期的人均财政收入和财政自给率。

而人均财政自给率增加 10%，农村小学数量仍可能减少 0.41%。这种作用机制也体现了区域特征，在模型（1）中，与中部地区相比，东部地区有更强的实施撤并政策的激励；模型（3）中地区虚变量 $D3$ 与财政自给率的交互项系数为正，这可以理解为西部农村地区由于生源流失更加严重，或可能面临更加严重的挤占其他领域的财政资源以维持偏远地区农村教育的财政困境。也就是说，整体上，地方政府的财政能力并没有发挥有效的作用来增加农村基础教育的投入。

模型（3）的回归结果显示，各省的城镇化率表现出对农村小学数量的"负向"影响，城镇化水平越高的省份，农村地区小学数量越少。这可以解释为，城镇化的推进对地方政府实施农村小学撤并政策起到了一定的激励作用。模型（1）中，控制变量农村教育经费支出占比增加 10%，农村小学数量增加 3.4%，模型（3）中则增加 3.6%。

回归结果中用来表示撤并政策实施年份的虚变量 $y01$ 和 $y06$ 的系数在模型（3）中，与农村小学数量呈负向比例关系。这意味着，2001 年的布局调整政策颁布之后，农村小学数量显著减少，2006 年布局调整政策实施之后，虽然对于农村小学数量有了一定的控制，但是地方政府"撤并"的行为动机仍然存在。

## 第四节　本章小结

以上实证模型的回归分析证实了前文的假说，在控制了"生源减少"等客观因素之后，实证结果表明"地方政府财力"和"城镇化水平"对农村小学撤并有显著的影响。这证实了前文的假说，即在农村小学布局调整政策的实施过程中，地方政府的主要动机是效率导向的，如"缓解自身的财力压力"和"加快城镇化推进速度"等。

现阶段的"地方负责，以县为主"的分权教育财政体制，并不能实现经典的分权理论描述的基层政府的供给能够改善地方公共服务的效果。正如傅勇等（2007）的研究中指出，目前分权体制下的激励结构不变，地方政府就没有内在动力提升教育和公共服务的支出比重，一些初衷良好的政策也就缺乏"自动实行"的机制。本章所论证的"城镇化"对农村学校撤并政策的实施起到显著推动作用，正是这种激励机制的扭曲影响政策的实施结果。

实际上，地方政府撤点并校的动机"复杂化"已引起相关学者的重视。21世纪教育研究院的调查结果也证实了，"有些地方明确通过撤并学校带动农村人口向城镇聚集，通过'学校进城'迫使学生进城；有的地方（甚至）还总结出'小带大、大带小''以校扩城'的经验，大建'教育园区'和'教育城'，将教育当成拉动城市化的工具和手段"。[1]

另外，学校规模扩大导致的"规模经济"，主要来自于社会成本或公共成本的下降。布局调整之后新增的成本，

---

[1] 《农村学校撤并何去何从？》，人民网，2012年11月23日，http://politics.people.com.cn/n/2012/1123/c70731-19670920-2.html。

如无法就近入学而选择到距离较远的学校就读带来的交通费用和食宿费用，完全是由农村居民来承担的。因此从教育成本的实际负担主体来看，尤其是偏远地区，这种情况加重了基础教育资源配置不均衡所带来的不公平性。从这个意义上来说，地方政府固有的"效率优先"的行为动机可能会进一步损害弱势群体的利益，如低收入群体或缺乏选择能力群体获得和享受基础公共服务的公平性。本书第五章将从"可行能力"的视角，对人口迁移背景下农村居民基础教育的公平性问题做进一步分析。

# 第五章 农村家庭子女城乡就学地选择的公平性问题：基于可行能力理论的分析

　　我国限制劳动力迁移的制度基本消失，包括居住限制、食品供给限制以及大部分的就业限制（吴红宇，2007），城乡之间的二元结构以及由此造成的不公平现象依然存在。根据杜森贝利的相对收入假说观点中的"示范效应"（消费者之间的消费行为是相互影响的）和"棘轮效应"（消费习惯在时间上的不可逆性），农村居民会受到城市消费形式和消费途径的影响，这不仅包括私人产品的"超前消费"，而且包括一些城乡之间存在不均衡供给状况的公共品。随着改革开放的日益深入，顺利跨出农村走向城镇，获得与城镇居民同等的公共服务，已经成为农村居民迁移决策的重要动因之一。

　　在有关农村居民迁移动因研究的大量文献中，"角色"定位是该问题的重要分野。无论是作为劳动力供给者、① 家庭生产者②还是人力资本投资者的迁移，"通过迁移行为获得一定的净收益"是普遍标准，而收入差距则是该类问题的核心。已有研究大多是基于托达罗（Todaro，1969）的绝对收入差距理论进行的，即城市的高收入和更多的就业机会，构成了较高的城市预期收入。沿着这一逻辑，农村家庭无一例外应该具有较强的迁移动机，许多研究调查的结果显示，农村家庭并非有相同的迁移动机，而会做出不同的决策（蔡昉，2002）。例如，对都阳（2000）的研究发现，最具有迁移动机的家庭并不是最贫困的农户。

正如上文提到的，"对更好事物（Amenities）的追求"（Sjaastad，1962）在我国城乡公共服务资源配置不均衡的背景下，对农村居民迁移决策有强烈的驱动作用，容易导致罗尔斯有关"无知之幕"（Veil of Ignorance）的论断中所强调的初始状态下的差距，会通过一定的竞争行为，加剧处于弱势地位的群体被不公平对待的现象，进一步损害一部分农村居民的基本权利，造成严重的不公平问题。我国目前有大约 1.8 亿的迁移群体，他们大多并不在城镇定

---

① 这一角色通常适用于典型的二元结构经济，在经济学的均衡理论中，在生产要素自由流动的情况下，如果地区间生产要素报酬存在差异，资金或劳动力将流向生产要素相对稀缺而要素报酬率高的地区，最终实现要素报酬相等（Lewis，1954；G Ranis，JCH Fei，1961；Todaro，1969）。但是在客观上存在机会成本（Ghatak，1996）、迁移距离（Schwartz，1973）、制度变迁角度的政府政策中，行业限制和工资管制（蔡昉、都阳等，2001），以及迁移者的个人特征等因素均对这一角色下的迁移动因做出了补充。

② Stark 和 Lucas（1988）及李实（2001）的研究中提到，作为一种家庭战略，迁移可以规避和减小农作物歉收等带来的生计危机。也就是说，不单是为了获得迁入地更高的收入，回避农业生产风险、产品市场和劳动市场的不完备带来的约束同样是重要的迁移动因。

居，而往返于城镇和家庭所在地（乡村）之间，这部分农村迁移家庭往往无法真正融入城市生活。国家统计局课题组调查显示，这些非永久性迁移者依旧遵循农村的消费模式，并保持在农村生活的消费水平，他们的生活质量平均水平仅相当于城镇居民平均水平的53.2%。[①] 从城乡居民的绝对收入差距来分析农村居民的迁移动机，可以解释我国劳动力迁移和劳动力市场一体化的相关问题。如果忽略了实质上的公平性缺失问题（例如实际服务价格和水平问题导致一些农户并没有"能力"利用现有政策获取这类基本公共服务），就会有悖于公共服务供给的"社会公正性"原则。本书已经证实地方政府在资源配置中具有"效率导向"，在森有关"可行能力"的概念界定下，农村基础教育的公平问题需要从新的角度加以关注。不同于研究宏观劳动力市场中以劳动供给为背景的迁移理论，本章将基于农村居民对于子女就学地选择的迁移行为及其决定因素，讨论城乡基础教育资源配置中与公平有关的问题。

## 第一节　保障基础教育公平的必要性与重要性

### 一　现阶段国情要求实现基础教育公平

教育公平的理念是社会公平理念在教育领域中的实际运用与继承。因此，在现阶段社会、经济和政治体制以及

---

① 国家统计局课题组：《中国农民工生活质量研究》，国家统计局内部信息网。

制度因素的限制与影响下，教育公平并非意味着追求"绝对公平"。在不否认社会阶层差别、个体遗传差异以及认知因素参与而导致的不同教育结果的前提下，不论民族、性别、社会背景、家庭出身和个人条件如何，社会成员接受教育的机会都相等，或者每一个人在接受教育之后获得相同社会地位、职业和收入的机会都相等，并因此接受相对的"公平"，才是实现整个社会相对公平与社会进步的现实做法。

郑淮（1999）将教育公平界定为一种理想和原则，同时是一个不断发展和逐步实现的过程，这对于解决我国城乡教育发展不均衡问题具有现实的意义。只有认识到"相对公平"的外延，才能在有限资源的条件下，设定针对不同阶段的均等化标准和目标，并且随社会经济的发展和体制制度的完善而逐步分阶段完成这个长期目标。

## 二 基础教育公平的起点地位

瑞典学者托尔斯顿·胡森（T. Husen）认为，教育机会均等在三个不同时期有不同的含义：起点均等论，即入学机会均等；过程均等论，指的是教育条件的均等，让每个儿童有机会享受同样的教育；结果均等论，强调学业成功机会均等，以便向每个学生提供使其天赋得以充分发挥的机会。实现基础教育公平的核心在于做到保证起点上的基础教育资源配置平等性。这不仅包括学生能够享受的教育资源、教育条件和师资水平及身心发展等多种平等的实现，而且一定要保证入学机会的均等。正如《科尔曼报告》中对于教育公平含义的界定，"向人们提供达到某一规定水平的免费教育"，同时"为不同社会背景的儿童提供进入同样学校的机会"。因此，作为一个特殊的阶段，基础教育往往处于影响受教育者未来生存技能的起点地位。

### 三　基础教育公平是一项基本权利

受教育个体在各个阶段对教育的不同需求的影响，初等（义务）教育阶段的"起点"特征，使得这一阶段的教育公平性保障，具有涉及基本权利需求的国家强制性特征，否则将影响中等教育乃至高等教育等一系列后续阶段的不公平性。在面对人们需求不断增长的过程中，基础教育是形成公民基本知识、基本行为规范、基本技能、基本生活习惯和价值观的阶段。可以促进社会平等和保持社会稳定。而对于个人来说，教育能够提供公平竞争，帮助改变生活状态进而减少社会不公平。因此，追求基础教育公平不仅是现代教育的基本理念，也是各国在教育发展与改革中需要保障的公民基本权利。

### 四　小结

从以上种种有关教育公平的内涵和外延可以看出，基础教育（或者初等教育）被认为是"最基本"的公平诉求，作为"起点公平"的初等教育，保障不同家庭背景的学生接受义务教育的权利，是教育公平最具结构性的关键。

　　长期的城乡二元制度结构的安排，导致公共资源配置等方面存在客观上的不均衡。随着人口大量从农村流向城镇，政府有责任在保证机会均等的条件下，保护弱势群体的实质自由不受损害。也就是说，除了目前劳动力流动限制制度的取消，农村家庭进城享受较高水平的公共产品的意愿表达和实现能力也是当前政策制定中应当关注的重要问题。

　　下面首先从主观和客观两个方面，分析农村家庭将子女迁移进城就学的意愿，然后验证与前文"可行能力"[1]有关的就学地选择的公平性问题，最后提出相应的政策建议。

## 第二节　就学地选择对城乡基础教育资源配置公平性的影响

### 一　农村居民子女进城就学动因及意愿分析

#### 1. 城乡基础教育的客观差距

　　对中国而言，基础教育的最大差距存在于城乡之间。2010 年我国人力资本存量的城乡比较见表 5 - 1。

----

[1]　在森（Sen）看来，基本可行能力（Basic Capacities）可以恰当地解释"需要"（Needs），从而对公平的核心变量给出一个比较可靠的根据（谢宝贵，2012）。

## 表5－1　2010年我国人力资本存量的城乡比较
### （6岁以上各级受教育人口水平比重）

单位：%，人

| 区域 | 6岁以上人口数 | 未上过学或扫盲班 | | 小学 | | 初中 | | 高中 | |
|------|------|------|------|------|------|------|------|------|------|
| 城市 | 384147858 | 2.09 | 8034432 | 15.95 | 61280552 | 36.08 | 138590585 | 24.37 | 93632752 |
| 县镇 | 248689641 | 3.99 | 9927309 | 25.68 | 63862851 | 42.53 | 105773418 | 18.46 | 45914114 |
| 农村 | 609708623 | 7.25 | 44174664 | 38.06 | 232068330 | 44.91 | 273812219 | 7.73 | 47099999 |

资料来源：第六次人口普查数据资料。

在教育成果上，根据第六次人口普查数据中"人力资本存量的城乡比较"显示，未上过学的6岁以上人口仍然集中在农村地区，县镇和城市两地的总和（6.08%）还不及农村地区的总数（7.25%）。由于人口基数等原因，农村6岁以上人口中的小学程度的人口数量是三类中最多的（38.06%），初中人口数量（44.91%）与县镇初中人口数（42.53%）基本持平，城市6岁以上人口中拥有高中学历的比例（24.37%）是三者中最高，而农村地区的高中学历人口比例不到城市高中学历人口比例的1/3。

（1）经费水平和办学条件的城乡差异

近年来国家教育经费投入向农村倾斜的政策目标已经初见成效，全国中小学生均事业经费和生均公用经费支出的城乡比例都接近1，甚至有些县区农村地区的生均事业经费和公用经费标准已经高出了城镇地区的标准，尽管如此，我国城乡基本教育资源配置不均衡的问题仍然存在。《中国教育统计年鉴》数据显示，我国2011年小学阶段共有危房5714.24万平方米，其中乡村地区为3832.97万平方米，占危房面积总量的67.08%；相比之下，城区小学阶段的危房面积仅占总量的8.91%，镇区占24.01%，仅为乡村地区约1/3。从其他办学条件上来说，如表5-2所示。

根据表中数据，2011年我国乡村地区、镇区和城区相

表 5 - 2　城乡办学条件比较（2011 年小学阶段）

| 区域 | 生均图书册数（册/人） | 生均教学用计算机数量（台/人） | 生均教学仪器实验设备资产值（万元/人） |
| --- | --- | --- | --- |
| 城区 | 17.11 | 0.07 | 0.03 |
| 镇区 | 14.66 | 0.35 | 0.02 |
| 乡村 | 14.61 | 0.03 | 0.02 |

数据来源：《中国教育统计年鉴》（2011 年）

比，在生均图书册数、生均教学用计算机数量以及生均教学仪器实验设备方面的资源配置不均衡。其中，乡村地区的生均图书册数为 14.61 册，分别低于镇区（14.66 册/人）和城区（17.11 册/人）的生均图书册数；乡村地区生均教学用计算机数量为 0.03 台，不到城区该项指标（0.07 台/人）的一半；生均教学仪器实验设备资产值方面，镇区与乡村相同，均低于城区 0.03 万元/人的平均值。

　　类似这种硬件设施及教学仪器设备方面的配置明显低于城镇的现象，在边远贫困地区尤为严重。实际上，尽管近年来国家加大了整个农村地区的教育经费支持力度，但具体到县域内基础教育的经费投入方面，县城地区得到的项目资金比例依然占有优势。世界银行和国家发改委一项针对农村公共服务财政资金投入的课题调研结果显示，在涉及基础教育的专项资金分配中，尽管绝大多数的项目都给予了农村地区，但是从资金绝对数量上看，调研县区的专项资金大比例地向城镇倾斜，从下

表5-3可以看出，除了DZ县以外，重庆另外两个调研县的教育专项资金均大量投向城镇地区，其中，JLP县的农村地区当年得到的专项资金比重仅为3.7%。

表5-3　重庆调研县区专项资金投向统计

| 县区 | JJ | DZ | JLP |
| --- | --- | --- | --- |
| 专项资金投入（万元） | 480 | 3658 | 1335 |
| 其中:农村资金比重（%） | 37.5 | 73.5 | 3.7 |
| 城市资金比重（%） | 62.5 | 26.5 | 96.3 |

资料来源：林万龙等《农村公共服务状况与绩效诊断报告》，世界银行和国家发改委课题报告，2009。

（2）城乡师资差距

县域内不仅更多的教育资源被倾斜到县区，县乡之间的学校甚至农村地区的学校之间，也存在教师资源分布不均衡、骨干教师资源向城镇学校集中、城镇教师人均培训次数高于农村地区教师的状况。2011年全国乡村地区小学阶段的专任教师数为230.31万人，代课教师为113万人，约占专任教师的50%，高于城区代课教师占专任教师数的比重（30%）；另外，乡村地区小学阶段的兼职教师为8231人，几乎是城区专职教师人数的两倍。

表5-4从大专以下学历的教师人数及比例、高龄教师人数及比例以及通科教师人数及比例三方面对比，可以看出这种城乡师资力量配比的显著差异。

表 5 - 4 城乡教师资源对比

| 教师分类 | 总体 | | 大专以下学历教师人数及比例 | | 高龄(46 岁及以上)教师人数及比例 | | 通科教师人数及比例（小学） |
|---|---|---|---|---|---|---|---|
| 单位 | % | 万人 | % | 万人 | % | 万人 | % |
| 城市及县城 | 53.7 | 545.6 | 4 | 18.3 | 7.4 | 26.6 | 11.7(城市) 20.2(县城) |
| 农村地区 | 46.3 | 470.4 | 12.9 | 60.5 | 15.2 | 71.5 | 27.2 |

注：通科教师是指持有两种或两种以上学科的教师资格证的教师，这些教师主要集中在小学阶段。

资料来源：转引自"全国中小学教师专业发展状况调查"课题组《中国中小学教师专业发展状况调查与政策分析报告》，华东师范大学教育科学学院，2011 年。

城市及县城将大专以下学历教师的比例，控制在了 5% 以下（4%），农村地区教师资源的这一比例高达 12.9%。除此之外，农村地区的通科教师数量大，农村小学的通科教师比例为 27.2%，是城市通科教师占教师比例的两倍还多。实际上，这种通科教师数量庞大与近年来清退农村地区"代课"教师的政策相关。《2002 年全国教师队伍状况分析报告》显示，全国 94% 的代课教师出现在农村学校。将代课教师"一刀切"的政策，虽然在一定程度上规范了农村地区的师资配比，但是也造成了农村地区，尤其是经济发展水平较低的农村地区师资结构的缺乏问题。一项针对我国西北民族地区农村义务教育阶段学校教师资源配置的调查指出，31.57% 的样本学校同时没有音乐和美术专任教师，主要集中在小学。农村学校解决这种结构性缺编状况的方法通常都是，音乐、美术和信息技术课程由其他学科教师代课（金东海等，2010）。

表 5 - 5 是一项针对江西三县农村和县城基础教育资源城乡分布状况的对比，可以看出，无论是小学还是初中，县城的教师中 75% 以上都是大（中）专以上的学历，而农村的师资情况则不容乐观，尤其是小学阶段，其中 GX 县小学阶段的教师中仅有 26.8% 的教师是大（中）专以上学历。

**表 5 - 5　江西省调研区县教学资源城乡分布状况对比**

单位：%

| 比较项目 | XG 县 | | | | GX 县 | | | | DY 县 | | | |
|---|---|---|---|---|---|---|---|---|---|---|---|---|
| | 县城 | | 农村 | | 县城 | | 农村 | | 县城 | | 农村 | |
| | 小学 | 初中 | 小学 | 初中 | 小学 | 初中 | 小学 | 初中 | 小学 | 初中 | 小学 | 初中 |
| 大（中）专以上学历教师比重 | 75.8 | 98.2 | 41.6 | 93.6 | 90.10 | 92.70 | 26.80 | 23.40 | 73.20 | 86.50 | 39.20 | 87.00 |

资料来源：林万龙《农村公共服务状况与绩效诊断报告》，世界银行和国家发改委课题报告，2009 年。

农村地区校际之间的师资力量分布呈现不均衡的现象，这主要体现在中心校和较为偏远的村小或教学点之间。例如，调研的 HC 县在 2010 年共有基础教育阶段小学学校 245 所（含教学点），在校生 9 万人，其中县城城市规划区 26 所，在校生 2.5 万人，分别占总校数和学生总数的 10.6% 和 27.8%；农村地区 219 所，在校生 6.5 万人，分别占总校数和总人数的 89.4% 和 72.2%。在学生人数占较大比例的农村地区，各乡镇的中心小学的专任教师数从2010～2011学年，都比其他办学规模较小的村小或者教学点占有一定的优势，HC县2011学年乡（镇）学生人数和专任教师人数如表5－6所示。

表5－6　HC县2011学年乡（镇）学生人数和专任教师人数

| 乡（镇） | 学校数 | | 学生人数 | | 专任教师人数 | |
|---|---|---|---|---|---|---|
| | 全乡小学（含教学点）（所） | 中心小学（所） | 中心小学（人） | 占全乡比重(%) | 中心小学（人） | 占全乡比重(%) |
| RH | 14 | 1 | 1037 | 28.55 | 30 | 20.24 |
| SL | 15 | 2 | 2475 | 41.74 | 96 | 41.92 |
| CLD | 11 | 1 | 1155 | 27.86 | 49 | 39.5 |
| JJJ | 12 | 2 | 1844 | 40.56 | 83 | 49.40 |
| ZJ | 11 | 1 | 1673 | 41.64 | 59 | 38.56 |
| TL | 13 | 1 | 986 | 26.45 | 27 | 21.26 |
| HSG | 11 | 1 | 1215 | 23.06 | 55 | 34.59 |
| SP | 9 | 1 | 724 | 20.04 | 54 | 31.51 |
| TD | 9 | 1 | 792 | 34.97 | 23 | 31.51 |
| XLD | 11 | 1 | 1056 | 50.77 | 32 | 40.51 |
| SYG | 14 | 1 | 572 | 18.05 | 30 | 28.84 |
| XZ | 8 | 1 | 1283 | 28.68 | 23 | 25.84 |
| LL | 13 | 1 | 1472 | 33.92 | 59 | 31.72 |
| WG | 9 | 1 | 772 | 25.33 | 28 | 20.29 |
| NG | 7 | 1 | 784 | 33.05 | 28 | 33.73 |
| LG | 10 | 2 | 985 | 38.81 | 51 | 35.92 |
| FD | 10 | 1 | 751 | 25.61 | 46 | 30.87 |

续表

| 乡（镇） | 学校数 | | 学生人数 | | 专任教师人数 | |
|---|---|---|---|---|---|---|
| | 全乡小学（含教学点）（所） | 中心小学（所） | 中心小学（人） | 占全乡比重（%） | 中心小学（人） | 占全乡比重（%） |
| PJ | 8 | 1 | 551 | 15.82 | 25 | 20.66 |
| BD | 10 | 1 | 388 | 16.60 | 21 | 21.00 |
| PD | 7 | 1 | 677 | 31.13 | 18 | 26.47 |

注：为了方便管理，县里根据地理距离对一些临近的乡镇做了行政区划的调整和归并，如 PD 乡划归到 BD 乡，NG 乡划归到 WG 乡，XLD 乡划归到 TD 乡，但是教学区划上仍然保留原有乡镇的中心小学，很少出现由于行政区划上的这种处理，而将被划归乡镇的中心小学撤并的现象。所以，表中依然对 PD 乡、NG 乡以及 XLD 乡的相关指标进行了计算。

资料来源：笔者根据实地调研资料整理。

从表 5-6 中可以看到，多数乡镇除了一所（少数具有两所）中心小学之外，均有超过两所的村级小学（或教学点），仅中心小学就集中了全乡 1/3 的学生（平均占比为 30.69%）和专任教师（平均占比为 32.26%），其中 XLD 乡的中心小学学生数超过了全乡小学生总数一半（50.77%），而 JJJ 乡的两所中心小学专任教师配置则接近全乡的一半（49.40%）。

事实上，除了专任教师缺乏和教师队伍学科结构矛盾突出的问题之外，农村地区基础教育阶段整体面临严重的教师老龄化状况。下面以 HC 县的 J 乡为例进行说明，从 2001 年至 2011 年，J 乡 50~60 岁的高龄教师占全乡专任教师的比重已经由 28.8% 上升至 46.3%，几乎占一半的数量；而 30 岁以下的专任教师比重从 2001 年开始一直在下

降，到 2011 年，这一比例仅占 J 乡专任教师总数的
5.32%，详见表 5-7。

**表 5-7　HC 县 J 乡的教师年龄分布情况**

单位：%

| 年度 | 30 岁以下专任教师占比 | 30~40 岁专任教师占比 | 40~50 岁专任教师占比 | 50~60 岁专任教师占比 |
|---|---|---|---|---|
| 2001 | 12.26 | 27.83 | 31.13 | 28.8 |
| 2002 | 10.88 | 27.20 | 33.47 | 28.5 |
| 2003 | 10.34 | 28.88 | 34.91 | 25.9 |
| 2004 | 9.58 | 26.67 | 30.42 | 33.3 |
| 2005 | 8.15 | 24.89 | 27.04 | 39.9 |
| 2006 | 7.44 | 27.91 | 23.72 | 40.9 |
| 2007 | 6.28 | 28.50 | 22.22 | 43.0 |
| 2008 | 4.48 | 29.35 | 19.90 | 46.3 |
| 2009 | 3.57 | 29.59 | 18.37 | 48.5 |
| 2010 | 3.70 | 30.16 | 17.99 | 48.1 |
| 2011 | 5.32 | 30.32 | 18.09 | 46.3 |

资料来源：笔者根据 2012 年实地调研资料整理。

　　在调研过程中发现，越是边远贫困地区的农村学校对
教师职业吸引力越是不足，有些教学点多年未能补充年轻
新教师，优秀教师更是"留不住"，某些生源分散的山区
和边远地区学校仍然存在低薪聘用代课教师的现象，表明
我国城乡师资水平存在较大差异，农村的教师队伍建设亟
待加强。

　　综上所述，无论从经费投入、办学条件还是从师资力
量的分布上来说，城镇的教育资源状况总体上要好于农村

地区。除了师资力量和经费投入，教学条件、教学设施及工作环境等方面，农村地区也无法与县城相提并论。一方面，公用经费集中到了学生较为集中的县区学校或乡镇的中心学校；另一方面，师资力量也逐渐地向中心镇流动，从而造成偏远地区的教学点根本没有足够的资源和师资力量维持日常教学活动的不公平现象。

**2. 对基础教育的主观需求**

农村地区居民的需求呈现不均衡和多元化的差异。项继权等（2010）通过调查研究发现，由于从事的产业或者职业、受教育程度或生产经营思想不同，农村地区各家庭或个人所获得的经济收入明显不同，导致农村社区居民在社会地位价值观念和生活方式等方面的差异，形成了不同的阶层。这些阶层在公共服务需求中表现出强烈的层次性。从长远的眼光来看，为居民创造更好的生活环境或者投资环境，促进社区整体发展的公共服务，如高水平的教学设施、跨乡镇公路建设和小型农田水利设施等可能随着经济发展更加符合农村居民的需求（李义波，2004）。就目前农村基础教育资源配置的状况来看，农村居民的满意程度并不高。

在基础教育供给制度的改进中，实施效果也在进一步地影响农村居民对于基础教育的需求和满意程度。李强等（2006）运用中国科学院农业政策研究中心分别于2003年和2005年收集的有关中国农村生产和发展投资的数据对农村居民公共服务满意度情况进行了分析，得出了如下结论："与其他投资项目相比，村民们对于教育体系的不满最为强烈。因为许多村民对最近学校合并、集中进行基础教育的新政策有很大意见。与其他公共投入相比，更多的村民认为他们所在的学校状况在不断变糟。村民们不满意有许多理由，有些人不满意是因为所在地的学校关门了，他们现在要么上镇里的学校，要么上邻村的学校。而且，村民们普遍认为选择新学校的成本在增加。尽管新校舍条件比以前优越，收取的费用近些年也有所下降，但无形中增加的成本，例如校车费用（如果有校车的话）、吃饭和住宿费用等，实际上加重了家庭与教育相关的经济负担。总之，村民们认为现在上学的费用比以前要高。这并不是否认有些学校经过整合后，各种教学设施和师资力量都得到提高，整体教学质量得到了提高，但集中基础教育学校所在村子的村民往往是最为高兴的。在许多地方，尤其是在贫困和边远地区（环境脆弱的地区），这项政策的执行并没有带来教学质量本质上的提高。"

　　然而，随着城镇化脚步的加快，农村居民对优质教育质量的追求已经成为一个普遍现象。以下案例描述的正是这种农村学生大规模迁移到临近县城就学的现实情况。通过上文分析，将子女迁移到城镇就学的决策受到多种因素的影响。在制度正义缺失的状况下，越是边远贫困地区的农村居民，越可能在个体和家庭特征存在差异的情况下缺乏退出和意愿表达的能力，形成更大的不公平和社会福利的损失。

## 案例　农村居民子女就学地选择状况

| | 农村学校（学生）数量变动情况 | 县镇学校（学生）数量变动情况 |
| --- | --- | --- |
| 三峡库区云阳县、巫山县 | 云阳县 2005 年有农村中小学校 660 所，学生 17.68 万人，而到了 2012 年全县农村学校减少到 365 所，在校学生减少到 10.8 万人，其中云硐乡梅峰九年制学校学生从 1200 人骤减至 188 人 | 云阳县城学校平均每年就要新增农村转户居民子女和农民工子女 2000 人以上县城的中小学在校生从 2005 年的 2.9 万人增加到 2012 年的 5.1 万人，一些中心集镇学校的生源也逐年增加，凤鸣、南溪等乡镇中心小学在校生均达到 2000 人巫山县城学校 2011 年在校生 3.1 万人，2012 年增加到 3.4 万人。位于县城工业园区附近的朝云小学 2008 年建成，很快吸引大批农民工子女入学，几年时间就从最初的 10 多个教学班扩展到 24 个教学班，学生达到 1300 余人 |
| 陕西延安市延长县、山阳县、靖边县 | 山阳县 2002 年有 970 所学校，其中 10 个学生以下的学校有 90 多所，一师一校的有 327 所延长县 772 个自然村曾有 617 所小学，几乎一个自然村一所，校均规模 41 人 | 靖边县现有小学生 30814 名、初中生 18680 名，其中城区学校分别有小学生 18000 名和初中生 12000 名，各占总数的 58% 和 64%。靖边第一小学原本限额每个年级 8 个班、一个班 50 人、全校 2400 人，实际上现在 3800 人，一个班将近 80 人 |

　　注：陕西省当年劳务输出达 338 万人，其中输往省内 137 万人、省外 201 万人（陕西省劳动部门，2007）。

　　资料来源：http://edu.ifeng.com/news/detail_ 2013_ 02/16/22162648_ 0.shtml。

　　也就是说，无论是从主观还是客观上来说，农村居民有将子女迁移到城镇，接受更高质量的教育的动机和意愿。在蒂布特（Tiebout，1956）的地方政府供给公共产品的模型中，采用了"用脚投票"的形式将这种促进地方政府有效供给公共服务的机制进行了描述，这种机制是否能够充分表达，是决定我国公共服务资源在区域间以及城乡间有效而公平配置的重要保证，尤其是在我国逐步取消迁移限制制度，朝着城乡统筹方向发展的今天，哪些因素将阻碍农村居民自由意志的表达，显得尤为值得思考。

## 二 城乡基础教育资源配置公平性影响因素一般性分析

### 1. 基础教育的公共产品属性

根据微观经济学理论，价格需求弹性越低，消费者越不容易放弃对某种商品的消费，从而在某种商品价格上升的时候，消费者承担的负担越重。现阶段，无论对于城市还是农村居民来说，教育都是"弱弹性"的。[1] 也就是说，无论提供主体是市场还是政府，个人都需要像购买私人物品一样承担相关费用。

基础教育的"公共品"属性在学界尚未达成共识（王善迈，1996；厉以宁，1995；袁连生，2001）。纯公共产品（Pure Public Goods）应当同时具有非排他性（Non-Excludability）和非竞争性（Non-Competitive）。基础教育在我国并不是真正意义上的免费教育，带有私人产品属性的色彩。在受益难以排他，消费具有一定竞争特性

---

[1] 顾佳峰（2007）运用空间滞后模型（Spatial Lag Model）与空间误差回归模型（SpatialError Model）分析教育对城乡居民储蓄存款余额的弹性得出的相关结论。

的情况下，一些难以避免的就学成本①就成为实现基础教育资源可获得性或公平性的重要阻碍（袁连生，2003）。

在我国城乡基础教育资源配置不均衡的情况下，农村居民为子女选择不同的就学地，可能会受收入水平的约束，面临资源的不可获得，从而造成一部分农村居民的可行能力受到剥夺，损害了其实质的自由，引发社会的不平等（森，2002）。需要特别强调的是，对子女的基础教育需求作为居民基本权利之一具有弱弹性，需求意愿的表达途径和能力的缺乏导致分配过程中社会公平的缺失。

## 2. 农村居民对基础教育需求意愿和表达能力

公共产品本身的属性，决定了在供给与需求两个方面，政府的机会主义②都有行为空间（查尔斯沃尔夫，2007）。赫尔曼（Hirschman，1970，1976）提出，"退出"与"意愿表达"对于抑制这种机会主义倾向，提高公共产品供给的有效水平起到重要作用。

退出，是指消费者在某项产品的供给者之间进行选择的能力，依赖于市场机制。意愿表达，是指消费者不满意服务，试图表达改变数量或质量的偏好，并不是退出该服务（需要类似投票体系的行政机制）。

一般来讲，意愿表达的范围会随着地方政府决策过程

---

① 除了就学需要支付的金钱成本之外，还有一些人为成本限制，如流动人口子女入学要经过教育行政部门、公安部门、财政部门、机构编制部门、价格主管部门等的层层审批（徐敏丽，2009）。

② 主要是因为信息不对称和契约不完整，利用信息优势、契约含糊条款以及执行契约过程中遇到的难点，为自身（买卖双方或某一方）谋取利益的"逆向选择"和"道德风险"的行为（斯蒂芬贝利，2006）。

中公共参与的深入而不断增加，退出的空间会随供给一方竞争程度的提高而扩大。这两方面机制，在实际中并不能得到有效的实现，如下图 5-1 所示。

意愿表达

| | 弱 | 强 |
|---|---|---|
| 低 | 农村教育与医疗卫生服务<br>· 退出:受高空间壁垒以及地方性垄断的限制<br>· 意愿表达:受到法律规定和信息壁垒的约束 | 公共能源和供水产业<br>· 退出:受到自然资源垄断的限制<br>· 意愿表达:服务输出的差异增加了意愿表达 |
| 退出 高 | 城市教育与廉租房<br>· 退出:地方性可选择的获取途径增加了退出余地<br>· 意愿表达:受到低服务差别性和高社会经济及其他壁垒的限制 | 城市交通<br>· 退出:很少有规模经济,大量的生产单位增加了退出余地<br>· 意愿表达:服务差异性与低社会经济壁垒增加了意愿表达 |

**图 5-1 退出与意愿表达不同程度组合的公共品类型**

资料来源：斯蒂芬贝利《地方政府经济学：理论与实践》，北京大学出版社，2006。

首先，在"以县为主"的基础教育供给体制下，教育市场并没有足够多的选择余地保证农村居民的"退出"；其次，受到外部性和地方政府间竞争的影响，为子女选择进城就学的农村居民，要面临各种额外的"入驻成本"（王志凯，2004），和适应身份转换所带来的心理成本，这些成本使农村居民对基础教育需求意愿的表达产生了障碍。参与政策决定的机会在需求意愿表达中是需要在具体实践中执行的，就目前情况来看，在"自上而下"的行政体制下，"唯上"和"唯命"的政府行为和以关注政绩为主的考核体制，使得农民的意愿很难主导村中公共事务的实际决策。

退出和意愿表达机制的保证，能够有效地要求和控制地方政府在农村地区教育质量等相关政府绩效的表现，从而保证城乡基础教育供给的均衡。由于缺乏意愿表达渠道和退出机制，我国农村居民对子女基础教育的需求，更大程度上受到森有关"可行能力"理论中弱势群体缺乏选择能力而不能平等获取公共资源，导致公平性问题的影响。

本章下面的内容主要讨论在制度之外，农村居民依据自身特征做出的"就学地选择"行为决策、农村居民家庭的教育支出负担和教育相关支出的影响因素，及其可能对基础教育公平性产生的影响。下面将建立实证模型，对影响农村居民子女迁移行为的因素进行分析，探讨人口迁移决策及其影响因素对教育资源配置公平性的影响。

## 三 谁选择了进城就学

### 1. 已有研究和数据描述

对于拥有不同的人口特征和资源禀赋的农村居民来说，他们对子女就学地选择行为本身，是一个在"流动成本"与"内在化的期望生活标准"① 之间做出权衡的过程。已有文献中，关于流动人口子女就学地选择问题的研究相当少（陶然、孔德华等，2011）。一个利用北京、广州、南京、兰州和安徽亳州 4000 名进城务工人员调查数据的研究

---

① 这里引用了伊斯特林（1974）对相对收入的定义中的用语，可以理解为农村居民在城乡之间公共服务供给存在差距的情况下，对提高生活水平的一种期望。

发现，家长文化程度越高、工资水平越高和工作稳定性越高，越倾向于让子女到务工城市就学，夫妻双方同时外出打工的家庭更倾向于带子女到务工城市上学（许召元、高颖等，2008）。下面以在河南、甘肃两省三县（分别为 HC 县、PQ 区和 GL 县）的实地调研数据为基础，对影响子女就学地的因素做出分析。

按照"就学地"类型将样本划分如下两类家庭，子女就读于县公办"小学"、"中学"和"私立学校"的农村家庭定义为"迁移家庭"，子女就读于"中心小学"、"中心中学"或"村小"（包括教学点）的则定义为"非迁移家庭"。本次调查以子女个体作为样本单位，共获得 453 份有效问卷。①

根据已有研究可知，城镇化背景下，家长外出务工和为了子女能够获得更好的教育的主观愿望，成为农村居民为子女选择在城镇就学的重要原因。将家长外出务工情况分为"父亲一人外出务工"、"母亲一人外出务工"、"父母两人同时外出务工"和"父母无人外出务工"四组，如下表 5 - 8 所示，三县（区）的实地调研结果显示，所有样本中，迁移家庭的比例为 26.27%；仅父亲一人外出务工的样本中，选择迁移的家庭数量最多，占 35.82%；"父母无人外出务工"组的迁移家庭比例最小，为 19.07%。也就是说，父母外出务工的确对子女就学地选择起到一定的影响。

---

① 在实际估计过程中，删除了三个相关变量数据缺失的样本，所以参与估计的有效样本一共是 450 个。

表 5 - 8　家长外出务工与子女就学地选择的关系

| 家长外出务工情况 | 地区与教育迁移选择 | | | | | | | |
|---|---|---|---|---|---|---|---|---|
| | HC 县 | | PQ 区 | | GL 县 | | 样本总体 | |
| | 迁移家庭 | 非迁移家庭 | 迁移家庭 | 非迁移家庭 | 迁移家庭 | 非迁移家庭 | 样本量 | 迁移家庭数量占样本量比例 |
| 父亲一人外出务工 | 9 | 16 | 3 | 30 | 36 | 40 | 134 | 35.82% |
| 母亲一人外出务工 | | 1 | | 1 | 1 | | 3 | 33.33% |
| 父母两人外出务工 | 11 | 44 | | 17 | 18 | 11 | 101 | 28.71% |
| 父母无人外出务工 | 17 | 59 | 10 | 62 | 14 | 53 | 215 | 19.07% |
| 总计 | 37 | 120 | 13 | 110 | 69 | 104 | 453 | 26.27% |

　　从教育阶段来看，如表 5 - 9 所示，实地调研样本中的 161 个处于初中阶段的子女，38.51% 选择了迁移到城镇就学，292 名小学阶段的学生中，迁移到城镇读书的农村家庭子女占该组样本量的 19.52%，为初中阶段迁移到城镇学生数量的一半。由此看来，农村居民更倾向将就读初中阶段的子女迁移到城镇就学。

表 5 - 9　就读阶段与农村家庭子女就学地选择的关系

| 子女教育阶段 | 县（区）与教育迁移选择 | | | | | | | |
|---|---|---|---|---|---|---|---|---|
| | HC | | PQ | | GL | | 样本量 | 迁移家庭数量占样本量比例 |
| | 迁移家庭 | 非迁移家庭 | 迁移家庭 | 非迁移家庭 | 迁移家庭 | 非迁移家庭 | | |
| 小学阶段 | 18 | 99 | 8 | 73 | 31 | 63 | 292 | 19.52% |
| 初中阶段 | 19 | 21 | 5 | 37 | 38 | 41 | 161 | 38.51% |
| 总计 | 37 | 120 | 13 | 110 | 69 | 104 | 453 | 26.27% |

## 2. 实证分析

除了父母外出务工和子女就学阶段等家庭因素的影响，根据上文分析，在迁移进城的额外支出带来的约束下，为子女选择进城就学而产生的迁移需求，并没有随着目前劳动力流动限制政策的放松而变得"容易实现"。综合考虑可能影响农村流动人口子女就学地选择的因素，构建就学地选择决策方程，对子女就学地选择的影响因素进行分析。

$$MOBI_i = a_0 + \beta INCOME_i + \alpha_1 X_1 + \cdots + \alpha_i X_i + u_i$$

根据森的能力方法[①]（森，2002），"可行能力"的丧失，实际上就是一种选择机会的缺乏，从而导致缺乏"高质量生活水平的获得机会"的后果，进而影响整个社会的福利与公平。正如本文第二章中对于可行能力方法基本原理的论述，个人特征对相同资源的不同转化以及"选择集"所决定的"可获得性"是决定个人福利水平的重要因素。因此，对建立在评估功能性活动基础上的"能力"进行考察将是衡量福利的重点。由于能力集不能被直接观察，森考察了作为"手段"的工具性自由因素，包括政治自由、经济条件、社会机会、透明性保证和防护性保障，并指出这些工具之间是相互补充和强化的，对人们的可行能力起到了直接扩展的作用。本文选择"收入水平"作为标准，阐明其如何影响有关的可行能力。

根据上文分析，本文将选取与家庭特征相关的"能力"——家庭年收入水平（*logincome*），其他控制变量包括

---

① 能力方法"集中注意具有自身固有的重要性的剥夺"。

父母外出务工状况（*LABOR*）、子女就读阶段（*SECOND*）以及家庭子女数量（*bn*）、父母学历（*DEGREE$_f$/DEGREE$_m$*）、子女年龄（*AGE*）与子女性别（*GENDER*）等因素，为了加强回归的平稳性和准确性，还加入了区域虚变量（*area* 代表 PQ 区；*westr* 代表西部省份的 GL 县），如表 5 – 10 所示。

表 5 – 10　就学地选择模型涉及变量名称及定义

| 变量名 | 定义 |
| --- | --- |
| **子女特征** | |
| *AGE* | 子女年龄 |
| *GENDER* | 女 = 1;男 = 0 |
| *SECOND* | 子女就读阶段为初中,值为 1;小学,为 0 |
| *ACHIEVEMENT$_3$* | 如果上学期成绩为班级 75% 之后,值为 1;其他,为 0 |
| **家庭特征** | |
| *INCOME* | 家庭年收入 |
| *DRGREE$_f$* | 父亲学历(不识字 0 年,小学在校 3 年,小学毕业 6 年,初中 9 年,高中 12 年,大学 15 年,研究生 19 年) |
| *DRGREE$_m$* | 母亲学历(不识字 0 年,小学在校 3 年,小学毕业 6 年,初中 9 年,高中 12 年,大学 15 年,研究生 19 年) |
| *bn* | 家庭中基础教育阶段的子女人数 |
| *ACRE* | 耕地数量(单位:亩) |
| *LABOR$_1$* | 如果父亲外出务工,为 1;其他,为 0 |
| *LABOR$_2$* | 如果母亲外出务工,为 1;其他,为 0 |

续表

| 变量名 | 定义 |
|---|---|
| 家庭特征 | |
| $LABOR_3$ | 如果父母外出务工,值为1;其他,为0 |
| 就学特征 | |
| $Resi\_1$ | 如果居住公办宿舍,值为1;其他,为0 |
| 解释变量　$MOBI$ | 就读学校为县公办小学、中学、私立学校,值为1;就读"中心小学"、"中心中学"和"村小"(包括教学点),值为0 |

估计结果显示,如表 5 – 11 所示,对农村家庭选择将子女迁入城镇就学有显著影响的因素包括:家庭年收入($logincome$)、父母外出务工状况($LABOR\_1$)、家庭子女数量($bn$)、子女居住宿舍状况($Resi\_1$)、子女就读初中($SECOND$ 取值为1)和东西部地区虚变量($westr$ 取值为1时样本来自西部地区)。

**表 5 –11　就学地选择影响因素 Probit 模型与收入边际影响(Marginal Effect)结果**

| 变量 | (1) MOBI | (2) | 变量 | (1) MOBI | (2) |
|---|---|---|---|---|---|
| main | | | $LABOR\_3$ | 0.368 | |
| $logincome$ | 0.667*** | | | (1.75) | |
| | (5.26) | | $acre$ | – 0.0120 | |
| $Resi\_1$ | 1.036*** | | | (– 0.68) | |
| | (3.64) | | $1\_at$ | | 0.0450 |

**续表**

| 变量 | (1)<br>*MOBI* | (2) | 变量 | (1)<br>*MOBI* | (2) |
|---|---|---|---|---|---|
| *ACHIEVEMENT_3* | 0.207 | | | | (1.89) |
| | (0.72) | | 2_*at* | | 0.0992*** |
| *SECOND* | 0.717** | 0.372*** | | | (3.51) |
| | (2.67) | (7.22) | 3_*at* | | 0.190*** |
| *bn* | −0.291* | | | | (8.51) |
| | (−2.12) | | 4_*at* | | 0.320*** |
| *DEGREE*$_f$ | 0.188 | | | | (12.94) |
| | (1.61) | | 5_*at* | | 0.477*** |
| *DEGREE*$_m$ | −0.0203 | | | | (8.38) |
| | (−0.18) | | 1. *westr* | 1.229*** | 0.465*** |
| *AGE* | −0.00200 | | | (5.57) | (10.21) |
| | (−0.05) | | _*cons* | −7.871*** | |
| *GENDER* | −0.143 | | *N* | 450 | 450 |
| | (−0.87) | | | | |
| *LABOR_1* | 0.527** | 0.345*** | | | |
| | (2.72) | (9.03) | | | |
| *LABOR_2* | 0.466 | | | | |
| | (0.52) | | | | |

注：*、**、***分别代表在10%、5%、1%的水平上显著。

其中，农村家庭收入越高，父亲一方外出务工的家庭、子女的居住类型为公办宿舍、就读阶段为初中以及处于西部地区的样本家庭，将子女迁出原住地到城镇就学的概率越大，家庭子女数量（*bn*）越多，将子女迁进城镇就学的概率越小。如果将收入分组①（表 5 – 11 中，样本的家庭

---

① 按照收入五分法（各组收入的上限分别为样本中家庭收入的 10%、25%、50%、75% 和 100% 分位数）将样本家庭分组。

年收入被依次分为五个等级，用 $1\_at \sim 5\_at$ 表示），计算其对迁移决策的边际影响，可以得到这样的结论：当农村家庭处于较低的收入水平时（无论是收入区间组 $1\_at$ 还是收入区间组 $2\_at$），收入增加对迁移概率提高的影响并不显著（收入增加 10%，选择迁移的概率增加的幅度从 4.5% 上升到了 9.9%，仅上升了 5.4 个百分点）；如果家庭收入水平达到一定的高度，农村家庭对于子女就学地选择的"城市偏向"性表现明显（当样本收入区间从第二组别上升到收入最高水平的组别时，收入每上升 10 个百分点，选择迁移就学增加的概率从 1.0% 上升到了 4.8%）。

也就是说，低收入家庭即使有对更好的教育质量需求，也会因为缺乏"可供选择"的前提和条件，最终得到较差或者较少的教育服务，这种由收入决定的优质教育"可获得性"会导致农村内部的教育不公平，收入水平低的农村家庭容易失去在劳动市场上的竞争力，从而陷入所谓的"低收入—低水平教育—低收入"的恶性循环中（张锦华，2008）。

另外，通过对模型中其他影响迁移决策的因素边际效应的计算，我们发现，在控制其他变量的条件下，"就读阶段"为初中的农村家庭子女迁移预期概率会增加37.2%；相对其他家庭而言，父亲一方外出务工的农村家庭，子女迁移就学的预期概率会增加 34.5%；除此之外，区域虚拟变量中，西部地区的农村家庭将子女迁移到县城就学的预期概率比其他家庭高 46.5%。

# 第三节　农村居民家庭教育相关
# 支出与公平问题分析

对"公平"的考察与不同焦点的选择有关。不同的空间存在不一样的冲突焦点，收入本身只是起工具性的影响作用，有必要对迁移行为所造成的最终"后果"（比如家庭教育支出）进行分析。以往的研究将城乡分成两个独立的区域，单独研究城镇或者农村范围内的样本情况，或将城乡教育需求看作一个整体，并没有将流动人口子女与农村留守儿童的就学现状和需求及其所面临的收入约束影响有效地包含在研究框架中。例如，在对城市和县乡村家庭教育支出的影响因素分析中，楚红丽（2008）从城、乡两个群体的角度进行分析，发现城乡居民教育支出除了受到一些共同的因素的影响，在不完全相同的影响因素中，城市家庭受内外环境影响的因素会比县乡村家庭更小一些。

结合我国大量劳动力流动的背景，户籍制度等的限制和较高的生活成本不仅会影响农村居民对子女就学地选择的决策，而且可能导致他们不能很好地融入城市生活。本章接下来将在以往研究的基础上，以迁移行为的存在为突破点，分析基础教育相关的支出对两个群体各自的影响。

## 一　迁移家庭、非迁移家庭的教育相关支出结构和变异系数：由典型到一般情况的讨论

前面通过建立实证模型，验证了农村居民对子女就学地的选择受到了家庭经济条件的影响，即收入水平越高的家庭越倾向于将子女迁移到城镇就读，但是由于城乡生活成本的差别等因素，这类家庭似乎也将面临更重的经济负担。国家统计局课题组（2007）的调研报告显示，农民工子女在城里上学一个学年，学费平均支出 2450 元，占这些农民工家庭总收入的 19.87%。其中，36.84% 的农民工花费在 1000 元以下，27.67% 的农民工花费为 1000～2000 元，13.07% 的农民工花费为 2000～3000 元，10% 的农民工花费在 5000 元以上。许多农民工孩子上学还需缴纳一定的借读费或赞助费等。调查中还发现，在 5065 名有子女随行就学的农民工中，有 2493 名农民工缴纳了借读费或赞助费，每人平均缴纳费用为 1226 元。其中，有 42.08% 的农民工交了 500 元以下的费用，有 29.44% 的农民工交了 500～1000 元，16.33% 的农民工交了 1000～2000 元。

不失家庭支出结构的一般性，根据实地调研情况，本节将"家庭教育支出"定义为与基础教育阶段子女共同生活的相关家庭成员的日常支出（包括食品现金支出、杂项商品支出、服务及其他支出、房租、通信支出、水电煤气支出及交通支出等）及子女的教育支出。其中，子女教育花销部分包括"基本支出"和"学校支出"（见表 5－12）。

**表 5 – 12　农村家庭与教育相关的家庭支出**

| 子女教育支出 | 基本支出 | 私立学校费用(如果就读于私立学校)<br>衣着<br>报刊<br>通信<br>营养保健<br>食品<br>交通<br>其他 | 相关家庭成员日常支出 | 食品现金支出<br>杂项商品支出、服务及其他支出<br>通信支出<br>水费<br>电费<br>煤(气)费<br>交通费<br>房租或子女寄养费用(如果有) |
| :---: | :---: | --- | :---: | --- |
| | 学校支出 | 教辅<br>体检<br>保险<br>补习班<br>零花钱<br>校服<br>订牛奶费用(如果有) | | |

　　在以上列举的支出类别中，需要考虑的是他们居住环境的改变所带来的额外支出。除了将子女安顿在公办学校宿舍，从农村迁移到县镇的家庭一般会选择租房，一种选择是居住在城乡接合部或者学校附近的出租屋;[①]另一种选择是将子女"寄养"在老师或者亲戚家中，"寄养花费"一年少则三五千元，多则上万元不等。[②] 在县镇生活可能面临的更高的生活成本包括水电费用以及往返城乡的交通费用。

　　图 5 – 2 和图 5 – 3 分别列举了两个典型的农村家庭中

---

① 房屋一般 3 ~ 5 平方米，除了满足最基本的生活需求，几乎没有可以活动的空间。

② 根据作者的实地调研整理。

与子女相关的基本生活支出和学校相关支出。[1] 子女基本
生活支出中的"食品"[2] 和"衣着"在两类家庭中都占主
要份额。"学校相关支出"无论在迁移家庭（7%）还是非
迁移家庭（12%）中，所占份额并不算大。迁移家庭的子
女基本生活支出构成中，多出了"往返城乡的交通费"
（1%）和"营养保健"（3%）两项支出。

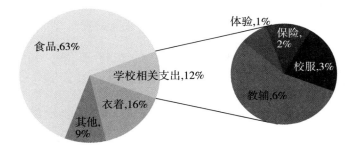

**图 5－2　家庭支出中与子女相关支出结构：非迁移家庭**

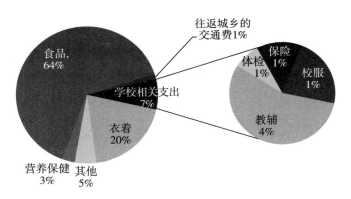

**图 5－3　家庭支出中与子女相关支出结构：迁移家庭**

---

① 　实地调研过程中农户家庭教育支出的明细项不尽相同，这里列举的支出结构随机
　　取自实地调研样本中的两个不同类别的家庭。

② 　如果家庭中涵盖了"寄养费用"，该项一般同时包含食、宿两个部分。

　　从上面的典型家庭的支出结构可以看出，子女"学校支出"、子女"基本支出"和"相关家庭成员日常支出"等支出项的种类和构成，在迁移与非迁移类家庭之间似乎并没有明显的差异。"迁移"行为使同一类家庭在不同的就学所在地面临的选择不同，比如迁移家庭子女的居住选择有"公办学校宿舍"、"寄养"或"租房"等形式，且各类居住形式的支出均不相同，加上"选择"本身具有的主观性，每个家庭对于"报刊费"和"零花钱"这类"非必须支出"的态度不同，可能会出现两类家庭在各种支出上的具体数量存在差异，下面将采用"变异系数"来衡量各个支出组成部分的差异程度，通过变异系数（$CV$）衡量三个部分的差异程度，大致可以判断某种类型对整体支出变化的贡献。变异系数的计算公式如下：

$$CV = \frac{S}{X} \times 100\%$$

　　总体上看，子女支出部分的变异远远大于家长相关支出的变异，如表 5 - 13 所示，其中"学校相关支出"是三种支出构成中变异（156.01%）最大的一个，这可能是由于构成"学校相关支出"的项目以及数量在不同的学校是存在差别的。也就是说，将农村家庭按照就学地选择的不同进行归类，对家庭教育相关支出的研究是可行而且必要的。

**表 5 - 13　农村家庭教育相关支出变异系数分析**

单位：元/年,%

| 指标 | 迁移家庭 | | 非迁移家庭 | | 全部样本家庭 | |
|---|---|---|---|---|---|---|
| | 均值 | 变异系数 | 均值 | 变异系数 | 均值 | 变异系数 |
| 学校相关支出 | 1293.95 | 166.06 | 679.93 | 114.16 | 814.23 | 156.01 |
| 子女基本支出 | 4711.86 | 85.82 | 1837.55 | 129.75 | 2592.61 | 107.22 |
| 家长基本生活支出 | 20902.45 | 61.36 | 18206.25 | 55.47 | 18914.52 | 57.79 |

资料来源：根据笔者河南、甘肃实地调研情况整理得到。

尽管"家长基本生活支出"的变异程度不大，但是从绝对数量上看，非迁移家庭该项支出的均值明显比迁移家庭低，每年农村迁移家庭中与子女就学有关的家长花费平均比非迁移家庭高 2696.2 元。

三类支出中，唯一呈现出非迁移家庭的变异系数大于迁移家庭的支出组成部分是"子女基本支出"，也就是说，除去"迁移行为"本身可能导致的支出差异，仍然留在农村就学的农村家庭关于教育的支出差异，主要受到子女特征的影响。

下文将建立一个内生转换模型（Endogenous Switching Regression Model，ESRM），进一步讨论影响两类家庭教育相关支出的因素。

## 二　影响农村家庭基础教育相关支出因素的实证分析

### 1. 内生转换回归模型（ESRM）与计量方法

根据本节的研究目的，按照"就学地"将样本划分如下两类家庭：子女就读于"县公办小学"、"县公办中学"及"私立学校"的农村家庭定义为"迁移家庭"；子女就读"中心小学"、"中心中学"或"村小"的则定义为"非迁移家庭"。不同于以往对家庭教育支出影响因素研究中分城、乡两个群体，或者直接将"迁移与否"作为一个虚拟变量放进估计方程中，本文将两类农村家庭子女基础教育支出的影响因素问题用内生转换模型（Endogenous Switching Regression Model）的两部分方程的形式表示出来，如下公式（1）与公式（2）为家庭教育支出方程，公式（3）为决策方程（就学地的选择）。

$$Exp_m = \beta_m X + \mu_m \quad B = 1 （迁移家庭） \tag{1}$$

$$Exp_n = \beta_n X + \mu_n \quad B = 0 （非迁移家庭） \tag{2}$$

$$B^* = \gamma Z + \nu \tag{3}$$

其中，$Exp_m$ 和 $Exp_n$ 分别表示迁移家庭的教育支出与非迁移家庭的教育支出的对数，向量 $X$ 代表一系列与教育有关的支出的解释变量，包括个人、家庭和学校特征；$\mu_m$ 和 $\mu_n$ 是误差项。

与子女就学地有关的迁移决策会受到一些观察不到的偏好的影响，"自我选择"（Self-selection）所导致的内生性，[①] 使得回归结果出现不一致的现象。本节将在实证分析部分采用 Maddala（1983）提出的，利用回归残差抽象出用逆米尔斯比率表示观察不到的影响因素。

---

① 这种内生性实际上是因为样本的非随机性，即样本点（农村家庭）有意识地自我选择进入了某个样本组所造成的（笔者注）。

可观察变量"就学地的选择"受到学区与户籍等制度的限制以及家庭经济状况等主观和客观因素的影响，比如选择在城镇就学是对子女的教育期望值高，基于城镇教育质量比农村教育质量高而做出了迁移的决策，迁移的决策往往也会受到不同就学地花费差距（$B_i$）的影响，导致农村家庭教育支出某种程度上具有非观测性的特点。$Z$则代表一系列影响就学地点决策的因素。

在支出决定方程中，$\mu_m$、$\mu_n$受到了"家庭偏好"等观测不到的因素影响，也在一定程度上影响家庭的迁移决策，引起$\mu_m$、$\mu_n$和就学地选择相关，因而产生内生性。为了解决这个问题，根据 Maddala（1986）提出的内生转换模型，将公式（1）和公式（2）代入决策方程公式（3）中得到简约型：

$$B^* = \gamma Z + \delta (\beta_m - \beta_n) X + \delta (\mu_m - \mu_n) + \nu \qquad (4)$$

也可以表示成如下形式：

$$B^* = \tilde{\gamma}\tilde{Z} + \tilde{\nu} \qquad (5)$$

$B^*$实际上是相对于就学地选择哑变量$B$的潜变量。本节关心的农村家庭教育支出问题在公式（1）和公式（2）中的决定，在一定程度上，并不是随机的。考虑到 OLS 估计参数的偏误和不一致性，相比在家庭教育支出影响因素模型中将"是否迁移"作为虚拟变量，ESRM 在考察迁移行为与家庭教育支出之间关系会更加符合拟合优度（Goodness of Fit）和一致性的标准。

根据 Maddala（1983），条件期望支出为：

$$E (\text{Exp}_m \mid B = 1) = \beta_m X + \sigma_{\mu_m \nu} \frac{\phi (\tilde{\gamma}\tilde{Z})}{\Phi (\tilde{\gamma}\tilde{Z})} \qquad (6)$$

$$E\left(\mathrm{Exp}_n \mid B=0\right) = \beta_n X - \sigma_{\mu_n \nu} \frac{\phi\left(\widetilde{\gamma}\widetilde{Z}\right)}{1-\Phi\left(\widetilde{\gamma}\widetilde{Z}\right)} \quad (7)$$

$\phi\left(\widetilde{\gamma}\widetilde{Z}\right)$ 和 $\Phi\left(\widetilde{\gamma}\widetilde{Z}\right)$ 分别表示以 $\widetilde{\gamma}\widetilde{Z}$ 为变量的标准正态分布的密度函数和累计概率密度函数。$\dfrac{\phi\left(\widetilde{\gamma}\widetilde{Z}\right)}{\Phi\left(\widetilde{\gamma}\widetilde{Z}\right)}$ 和 $-\dfrac{\phi\left(\widetilde{\gamma}\widetilde{Z}\right)}{1-\Phi\left(\widetilde{\gamma}\widetilde{Z}\right)}$ 是分别对应 $B=1$ 和 $B=0$ 的逆米尔斯比率，表示观测不到的家庭偏好等因素带来的选择 (Selection Term)，而 $\sigma_{\mu_m \nu}\dfrac{\phi\left(\widetilde{\gamma}\widetilde{Z}\right)}{\Phi\left(\widetilde{\gamma}\widetilde{Z}\right)}$ 和 $-\sigma_{\mu_n \nu}\dfrac{\phi\left(\widetilde{\gamma}\widetilde{Z}\right)}{1-\Phi\left(\widetilde{\gamma}\widetilde{Z}\right)}$ 是对自我选择的纠正，$\sigma_{\mu_m \nu}$ 和 $\sigma_{\mu_n \nu}$ 由估计产生。如果 $\sigma_{\mu_m \nu}$ 和 $\sigma_{\mu_n \nu}$ 不显著为零的话，这种选择偏误以及观测不到的因素所带来的影响的纠正就是有必要的。具体的估计方程如下。

（1）迁移就学决策函数（probit 模型）：

$$P\left(I\right)_i = a_0 + a_1 INCOME_i + \sum_{i=1}^{x} a_i Z_i + u_i \quad (8)$$

其中，被解释变量 $P\left(I\right)_i$ 代表第 $i$ 个子女所在的农村家庭迁移的可能性概率，$I=1$ 时，现实中表现为"迁移"行为，解释变量 $Z_i$ 包括 $x$ 个子女样本相应的"父母学历"（$DEGREE_f$，$DEGREE_m$）、"子女年龄"（$AGE$）、"子女性别"（$GENDER$）、"子女就读阶段"（$SECOND$）、"父母外出打工状况"（$LABOR_k$）、"家庭收入"（$INCOME_i$）和"耕地亩数"（$ACER$）等特征。采用最大似然法（ML）对这一阶段进行估计。

（2）农户家庭教育支出影响因素函数及变量描述如下：

$$Exp_i = c_0 + c_1 INCOME_i + \sum_{i-1}^{x} c_i X_i + v_i \quad (9)$$

其中，$Exp_i$ 代表家庭教育支出，$INCOME_i$ 表示家庭年收入，第 $i$ 个子女的家庭、父母以及自身特征所表示的控制变量 $X_i$ 包括"子女就学居住类型"（$Resi\_i$）、"家庭中基础教育阶段子女的数量"（$bn$）、"是否在食堂就餐"（$MEAL$）和"子女就学阶段"（$SECOND$）等，所有的变量名称及定义详见表 5－14。

表 5－14　农村家庭教育相关支出影响因素模型涉及变量名称及定义

| 变量名 | 定义 |
| --- | --- |
| 子女特征 | |
| $AGE$ | 子女年龄 |
| $GENDER$ | 女 = 1;男 = 0 |
| $SECOND$ | 子女就读阶段为初中,值为 1;小学,为 0 子女就读阶段为初中,值为 1;小学,为 0 |
| $ACHIEVEMEN$ | 如果上学期成绩为班级 75% 之后,值为 1;其他,为 0 |
| 家庭特征 | |
| $INCOME$ | 家庭年收入 |
| $DRGREE_f$ | 父亲学历(不识字 0 年,小学在校 3 年,小学毕业 6 年,初中 9 年,高中 12 年,大学 15 年,研究生 19 年) |
| $DRGREE_m$ | 母亲学历(不识字 0 年,小学在校 3 年,小学毕业 6 年,初中 9 年,高中 12 年,大学 15 年,研究生 19 年) |
| $bn$ | 家庭中基础教育阶段的子女数 |
| $ACRE$ | 耕地数量(单位:亩) |
| $LABOR_1$ | 如果父亲外出务工,为 1;其他,为 0 |
| $LABOR_2$ | 如果母亲外出务工,为 1;其他,为 0 |
| $LABOR_3$ | 如果父母外出务工,为 1;其他,为 0 |

| 变量名 | 定义 |
|---|---|
| 就学特征 | |
| *MEAL* | 如果在食堂就餐,为1;其他,为0 |
| *Resi_1* | 如果居住公办宿舍,为1;其他,为0 |
| 被解释变量 | |
| *MOBI* | 就读学校为县公办小学、中学、私立学校,为1;就读"中心小学"、"中心中学"和"村小",为0 |
| $Exp_m$ | 迁移家庭相关教育支出 |
| $Exp_n$ | 非迁移家庭相关教育支出 |

注:支出(*Exp*)是指包含"子女支出"和"与子女共同生活的家长支出"在内的总支出(未包含外出务工但未与子女共同生活的家长自身在外的花销部分)。收入(*INCOME*)包括外出务工收入(GL县问卷中"寄回家的部分"未包含在内)、土地收入(耕地或者转包的常期性收入,征用的一次性收入并未计算在内)、补贴收入(包括农业补贴、教育政策补贴,主要是寄宿生生活费补贴)和最低保障生活费四个部分。

## 2. 模型估计与结果分析

选取与子女基础教育相关的年支出的对数形式(*logexp*)作为支出方程的因变量,控制的影响基础教育支出的外生变量包括:家庭年收入的对数(*logincome*)、子女数量(*bn*)和父母外出务工状态(*LABOR*)等家庭特征,子女就读居住类型(*Resi*)和子女就餐类型(*MEAL*)等就学特征,以及子女性别(*GENDERr*)和就读阶段(*SECOND*)等子女特征。除了以上提到的影响因素之外,选择方程中加入了父母学历(*DEGREE_f*/*DEGREE_m*)、子女年龄(*AGE*)和子女上学期成绩(*ACHIEVEMENT*)等变量用来增强识别性。估计结果见表 5 - 15。

**表 5 - 15　农村家庭与子女基础教育相关的**
**支出影响因素的内生转换模型**

| 外生变量 | (1)<br>迁移家庭教育相关支出<br>($logexp\_1$) | (2)<br>非迁移家庭教育相关支出<br>($logexp\_0$) |
|---|---|---|
| $logincome$ | 0.413*** | 0.210*** |
| | (4.58) | (5.39) |
| $MEAL$ | 0.0959 | 0.120 |
| | (0.41) | (1.90) |
| $Resi\_1$ | − 0.343 | − 0.0416 |
| | ( − 1.47) | ( − 0.55) |
| $GENDER$ | 0.0668 | 0.0129 |
| | (0.70) | (0.27) |
| $SECOND$ | 0.0166 | − 0.00229 |
| | (0.13) | ( − 0.03) |
| $LABOR\_3$ | − 0.0823 | − 0.161** |
| | ( − 0.76) | ( − 2.70) |
| $bn$ | 0.00833 | − 0.104** |
| | (0.10) | ( − 2.83) |
| $\_cons$ | 5.573*** | 7.785*** |
| | (5.36) | (20.04) |
| $sigma\_1$ | 0.499*** | 0.042 |
| $sigma\_2$ | 0.427*** | 0.020 |
| $rho\_1$ | 0.297*** | 0.027 |
| $rho\_2$ | − 0.353 | 0.206 |
| $N$ | 450 | 450 |

注：①表内统计值下方括号内为 $Z$ 值。

②*、**、*** 分别代表在 10% 、5% 、1% 的水平上显著。

根据以上估计结果，可以得出以下结论。

①参数检验：似然估计结果表明，模型参数 $rho\_1$（$\sigma_{\mu_m v}$）显著为正，$rho\_2$（$\sigma_{\mu_n v}$）为负值不显著，这说明与迁移决策相关的哑变量是显著的。具体而言，对于迁移的农村家庭来说，其基础教育相关支出比随机抽样情况下的样本个体的该项支出高；没有选择迁移的农村家庭基础教育相关支出与随机抽取的样本相比，不会显著增加或减少。

参数检验结果表明，"自选择"偏误的调整在本节的研究中是必要的。也就是说，在对农村家庭教育相关支出的影响因素问题进行研究时，有必要将样本分成不同类型进行分析。实际上，相同变量在两种类型的农村家庭估计的模型中，具有不同系数值，各影响因素估计结果的确存在明显差异。

②影响因素分析：家庭年收入（$logincome$）对两类家庭基础教育相关支出有共同影响，且都表现为显著的正向相关，在数值上有较大的差别。这样的结果，一方面，验证了以往对子女教育费用影响因素研究的结论，即当家庭收入增加时，父母花费在抚养和教育子女方面的费用也会增多，而且收入的提高还会强化父母对子女教育质量的偏好，从而在孩子的教育和培训上投资更多（叶文振，1999）；另一方面，从基础教育相关支出在迁移家庭中具有较高的收入弹性（0.413）系数可以看出，相对于未将子女迁移到城镇就读的农村家庭来说，离开原居住地的选择实际上让他们面临着更高的教育支出困境，即需要承担

更多的交通和信息等成本才能"融入"城镇环境中。

③父母外出务工情况（$LABOR\_3$）和基础教育阶段子女数量（$bn$）是在两类家庭与基础教育相关支出影响上有显著差别的因素。在非迁移家庭中，基础教育阶段子女数（$bn$）越多，基础教育相关支出越少。一个可能的解释是，由于规模效应，子女的教育投资成本在一定范围内可以实现规模递减。另外，迁移家庭该项影响为正，并不显著。

父母均外出务工（$LABOR\_3$ 取值为 1）状况下的农村家庭，基础教育相关的家庭支出相对更少，一方面证实了前文对于家庭结构和教育负担之间关系的判断；另一方面与本章对"教育相关支出"的概念界定有关，即父母双方外出务工，并将子女留在农村就学，父母双方的花费便不会包含教育相关支出。这种家庭状态的子女，一般由祖父（母）照看，长期与父母分离，缺少父母直接的亲情关怀和学习监督，成为留守农村的"孤儿"。这种留守儿童群体大多数处于情感和人格发育方面的变化转折期，很容易受到消极情绪困扰，变得自卑、沉默、悲观、孤僻或表现出任性、暴躁和极端的性格，学习动力不足，没有成就感，学习成绩一般，易染上吸烟喝酒、上网和打架闹事等不良习惯（林宏，2003；彭大鹏、赵俊清，2005）。令人担忧的是，这种状况在逐渐加速的城镇化进程中显得更加严重。以本书为例，父母均外出打工的家庭中，选择将子女留在农村就学的占该类型样本的 71.29%。

# 第四节　本章小结

本章运用河南和甘肃两省三县（区）的实地调研数据，通过农村家庭子女就学地决策影响因素的 Probit 模型验证了迁移行为实际上受到家庭收入、家庭子女的数量和外出务工状态等客观因素的明显影响，进而有可能通过子女就学地选择行为损害农村低收入家庭子女基础教育的可获得性，造成不公平的后果。通过建立内生转换模型（ESRM），重点考察了与子女就学地选择有关的两类农村家庭子女基础教育相关支出的影响因素。

一直以来，我国的城镇化进程都落后于工业化与经济发展水平，究其根本原因，一方面，迁移到城市的人口并没有真正成为城市人口的一员，没有享受与城市户籍人口相同的社会保障、义务教育、公共服务和权益保护等方面的待遇，这种由政策因素所决定的"不确定性"大大增加了流动家庭的成本，限制了我国城市化发展的步伐。另一方面，就每一种可能转变为"城镇人口"的渠道来看，农村居民中较为富裕的那部分都有更大的优势获取这个机会。Benjamin 和 Brandt（2000）的研究表明，经济改革以来，农村地区之间、农户之间和个人之间的收入差距扩大最快，而导致这种收入差距最持久的源泉是人力资本的差异。收入差距、迁移行为以及城市化过程中既有资源不均衡配置现象，正在将我国城镇化过渡阶段的障碍扩大化，甚至固化社会转型过程中的阶层特征。

　　根据森有关可行能力与公平之间关系的论述，农村家庭的收入差距和缺乏支付能力的情况，在不断削弱农村居民的"选择"，损害弱势群体的公平和福利状况，从而进一步从农村地区内部扩大不公平。然而，我国现阶段并没有足够的能力改变城乡间的收入总体差距，① 从这个意义上来说，政府在调整政策的时候，在不断优化城乡间资源的配置的同时，一方面，要打破人口流动的障碍，并配合适当的土地政策将农村人口从土地的束缚中解放出来，加快劳动力由传统农村向现代产业的转移，同时让他们享受与城市人口相同的社会公共服务，尽快融入城市群体，逐渐消除由于城乡二元特征以及政府实施的带有城市倾向的经济政策所造成的不公平状况，缓解由于收入差距和城乡差距给农村居民带来的双重影响。相关的政策研究也应该认识到，必须有重点地探讨导致某些弱势群体受到限制和缺乏选择余地的制度原因、生存环境和个人特征等因素，进而有针对性地制定和实施相关的补贴以及帮扶政策。另一方面，在有限资源的运用中，对"如何激励政府将财政资金投入到农村基础教育这类有'外部性'的公共服务上"这类问题的思考，将对实现有效而均衡的城乡基础教育资源配置具有重大意义。考虑到我国地方政府财政支出的"财权"与"事权"并不匹配的情况，在政府支出行为有潜在的偏好——减少科教文卫支出比重的情况下，单纯

---

　　① 2012 年我国的城镇居民家庭人均可支配收入为 24564.7 元，农村居民家庭人均纯收入为 7916.6 元，这表明，要缩小我国的城乡劳动生产率差距并使我国城乡收入差距发生根本性的变化所需要的时间还很长。

依靠理顺收支关系，健全转移支付体制，可能并不能从根本上解决我国农村基础教育供给不足、教育资源质量差及城乡间不均衡问题。因此，与此相关的研究，将是解决公平配置城乡基础教育资源的过程中需要关注的重点。本书第六章将从基础教育财政资金的筹资体制出发，对农村基础教育资源配置中的教育投入结构问题做进一步的论述。

# 第六章　教育投入的结构性问题及公平性的解决之道

　　基于以上两章的分析，流动人口及其子女的随迁造成了农村生源的大量流失，引起了农村地区教育资源配置规模效应的"低效率"状况。将基础教育资源集中到人口聚集的城镇是符合地方政府"效率优先"的行为导向，这样的资源配置方式会导致农村地区学生家庭面临生活成本和交通成本增加，从而损害缺乏可行能力农村家庭的公平的问题。已有研究认为，解决地区间和城乡之间基础教育发展严重不均衡的根本途径是加大教育投入力度（魏向赤，2003；廖楚辉，2006；王蓉，2008）。我国基础教育实行的是"地方负责，分级管理，以县为主"的分权供给体制，有必要对中央和地方政府现有的教育投入结构和投入偏好进行分析。经过一系列重要的体制变革，我国财政收支权利逐渐形成了从中央向地方的转移，中央通过向地方政府"转移支付"达到平衡地区差异的目标，我国农村义务教育经费支出很大程度上来自于转移支付（黄佩华，1999）。尽管这类政府间纵向转移支付资金数量庞大，但是并没有透明、统一和公正的转移支付制度作为保障，因此仅仅关注"加大投入"此类的笼统概念对于解决基础教育投入的公平性问题是远远不够的，教育经费是否用于满足基本教育需求的部分，以及新增教育投入是否用于提高教育教学质量等，此类有关投入结构问题是解决农村地区基础教育公平性所必须考虑的方面。本章正是基于这点，在简单回顾我国教育财政体制和筹资机制的基础上，结合地方政府偏好的行为逻辑，对农村基础教育资源中的两类资金——人员经费与公用经费支出的地方政府预算内外投入结构和方式做出分析。

## 第一节　我国教育财政体制和投入结构

在经历了 1994 年的"分税制"改革后，中央政府重新实现了税收体制在收入上的重新集权，2002 年的"所得税共享办法"将收入进一步向上级集中，中央政府与地方政府之间的权责关系呈现出"财权上移，事权下移"的特征。除了这种教育"地方化"的特征，我国教育体制的另一个重要特征是"筹资多元化"。我国基础教育经费的主要来源有两大类：（1）财政预算内教育经费，是中央、地方各级财政或上级主管部门划拨的教育经费；（2）预算外教育经费，是来源于企业、社会和个人等的教育收入。下面将分预算内外和中央－地方两个维度，对我国教育经费投入结构进行分析。

## 一 教育财政经费预算内、外投入结构：预算内投入比重呈现上升趋势

为了落实《教育法》有关"三个增长"的规定，国家财政性教育经费（主要包括公共财政预算教育经费、各级政府征收用于教育的税费，企业办学中的企业拨款，校办产业和社会服务收入用于教育的经费等）的投入占全国教育经费的比重不断增加。作为我国基础教育经费的主要来源之一，中央和地方各级政府的公共财政预算拨款占国家财政性教育经费的比重总体上呈现上升趋势。

从 2000 年到 2010 年，如图 6－1 所示，预算拨款占全国财政教育经费的比重由 2000 年的 81.4% 上升到了 2010 年的 91.8%，增加了 10.4 个百分点，在 2009 年达到了 93.2%。其中，中央政府预算内拨款比例在 2005 年分别超过了地方政府和全国各自的预算内教育经费投入比例，2009 年中央政府的预算内教育经费比重占本级教育财政经费的比重达到了 97.8%。地方政府本级预算内的教育经费比重与全国的预算内教育经费投入比重保持着相对一致的变化。

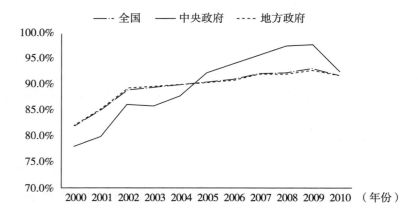

**图6-1　国家财政教育经费预算内投入结构**

资料来源:《中国教育经费统计年鉴》。

## 二　预算内教育财政经费中央－地方投入结构

　　教育财政经费的投入方向，主要是事业性经费（包括人员经费和公用经费）和基础建设经费。从这两个方面来看，预算内中央财政经费占比保持不变或呈现逐年减少的趋势，地方财政则在一直保持着比较高的比重且有上升的趋势。图6-2和图6-3分别表示2000~2010年间"预算内教育财政事业/基建经费的中央地方投入结构"，其中，中央政府本级预算内教育财政事业经费在这期间没有超过10%，而且由占比8%缓慢地下降到6%；基建经费方面，地方政府预算内的教育财政经费由2000年的66%上升到了2010年的87%。

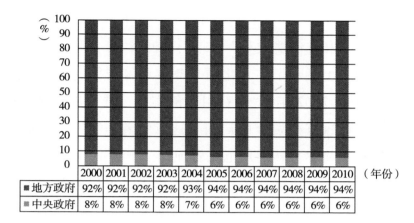

| | 2000 | 2001 | 2002 | 2003 | 2004 | 2005 | 2006 | 2007 | 2008 | 2009 | 2010 |（年份） |
|---|---|---|---|---|---|---|---|---|---|---|---|---|
| ■地方政府 | 92% | 92% | 92% | 92% | 93% | 94% | 94% | 94% | 94% | 94% | 94% | |
| ■中央政府 | 8% | 8% | 8% | 8% | 7% | 6% | 6% | 6% | 6% | 6% | 6% | |

**图 6 - 2　预算内中央 - 地方教育财政事业经费结构**

资料来源：《中国教育经费统计年鉴》。

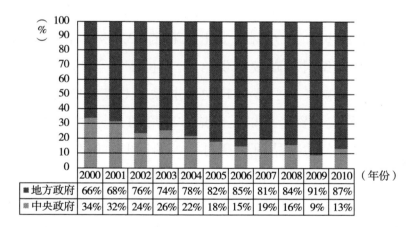

| | 2000 | 2001 | 2002 | 2003 | 2004 | 2005 | 2006 | 2007 | 2008 | 2009 | 2010 |（年份） |
|---|---|---|---|---|---|---|---|---|---|---|---|---|
| ■地方政府 | 66% | 68% | 76% | 74% | 78% | 82% | 85% | 81% | 84% | 91% | 87% | |
| ■中央政府 | 34% | 32% | 24% | 26% | 22% | 18% | 15% | 19% | 16% | 9% | 13% | |

**图 6 - 3　预算内中央 - 地方教育财政基建经费结构**

资料来源：《中国教育经费统计年鉴》。

## 三　小结

综上所述，从教育经费的预算内、外投入结构的分析可以看出，在教育经费投入方面国家一直在增加公共财政预算经费的比例。在农村教育财政政策的实施过程中，2000 年，"农村税费改革"取消了农村教育费附加和捐集资，从根本上触动了多元化的义务教育筹资体制（江依妮等，2008）。2002 年，"一费制"的实行，进一步弱化了地方政府依赖预算外资金的局面。这意味着，我国的基础教育筹资机制将逐步转向规范化管理。

从中央和地方的投入结构的分析中，可以看到较为明显的"事权下移"现象。从统计数据来看，2007 年至 2010 年，我国教育财政支出中地方财政支出（本级财政）的比重占全国教育财政支出的 94% 以上，2011 年全国教育财政支出为 16497.33 亿元，地方财政本级支出达到了 15498.28 亿元，占中央和地方财政支出总和的 93.9%。表面上看，地方政府是我国基础教育供给的"主力"，实际上，有研究证明，近 40% 的县乡财政支出来源于上级政府的转移支付。[①] 转移支付资金可以充实地方政府的预算内财政收入，在保证地方公共物品的预算内投入的同时，降低地方政府对预算外资金依赖。作为上一级政府的政策杠杆，未充分考虑政府行为策略的转移支付制度设计，有可能产生消极影响，从而破坏地方政府的财政激励机制。实证研究证明了"依赖中央转移支付"可能带来的弊端，乔宝云等

---

① 按照规定，我国农村基础教育的投入中，78% 应由乡镇负担，9% 左右由县财政负担，11% 由省负担，中央财政负担不足 2%。事实是，基层政府的教育财政支出很大程度上来源于中央财政的转移支付，例如，2004 年中央财政安排的农村义务教育专项资金，以及财力性转移支付资金中应当用于农村义务教育的部分，总数达到 593 亿元，占全国财政预算内农村义务教育经费的 44.7%，中西部地区财政预算内农村义务教育经费的一半以上来自中央转移支付。

（2009）的研究结论证明了以税收返还和总量转移支付为主要内容的现行转移支付制度抑制了地方财政的努力，导致地方政府本身征收税收的积极性低，致使地方政府的财政收入对提供地方公共物品的能力下降。林万龙（2007）的调查研究也得出了"公共服务严重依赖省级以上专项资金，是造成农村公共服务供给的结构性失衡的重要原因"的结论。因此，过度地强调"加大转移支付"可能并不是解决我国农村基础教育供给不均衡的可行方法。

因此，尽管在农村小学的教育经费比例中，国家财政性经费的筹资比例逐渐增加，但是并不能从根本上解决地方政府对预算外资金的依赖的问题。也就是说，国家财政虽然承担了绝大部分的经费投入，但是在目前"以县为主"的教育财政体制下，教育经费的使用与管理依然没有一套完整的体系加以规范，尤其在基层政府的层面，地方政府负责管理的农村教育经费有可能在其自身的偏好下，投入到并不能兼顾公平的领域，从而造成公平的缺失，同时也不利于改善目前我国农村基础教育发展中亟待解决的基本公平性问题。

地方政府为了缓解财政压力，可能会寻求中央财政的转移支付或发展预算外收入。下文首先将验证不同类型的教育经费的预算内外部分之间是否存在此消彼长的替代关系，由此判断地方政府是否有依赖中央转移支付的可能性；其次基于对地方政府的行为偏好的分析，识别其对不同种类的公共支出的偏好；最后将针对中央和地方政府给出政策建议。

# 第二节 地方政府对农村基础教育的
## 预算内外投入行为研究

## 一 政府偏好不一致性、公共品属性与假说的提出

在经济学中，"政府偏好"可以理解为"供给偏好"，即政府的供给规模和结构等，包括政府自身和其所提供的一系列公共品及服务。根据政府"偏好不一致"框架下的分权理论，经济发展到一定阶段，中央政府和地方政府对于公共品偏好开始发生变化，地方往往开始重视自身利益。在偏好发生冲突时，地方政府往往通过两种"变通"方式满足自身利益。一种"变通"方式是，改变公共品的性质，降低公共品的外溢性，增加地方特性（往往造成该公共品的外部性下降，达不到中央政府的目标）；另一种"变通"方式是将应该投入"非经济"性公共品的公共资金用于"经济"性公共品，从而达到追逐政绩的目的。这种类型的"变通"方式往往是中央政府不能通过官员任免机制与"锦标赛"式竞争的政治治理模式对地方政府实现充分激励与约束的原因。公共服务的"经济增长"属性，是决定地方政府供给时是否"优先考虑"的条件之一。也就是说，"外部性"（吸引资本流动）和"是否在地方政府任期内效果显著"等能够影响政府偏好的条件，是决定财政经费最终配置方式的重要因素。

　　很长一段时间以来，地方政府对不同类公共品（如"软""硬"公共品）在供给上的偏好及效率不同。根据Keen 和 Marchand 对公共产品的分类，按照"外部性"和"是否在任期内效果显著"的特点，本文将农村基础教育经费分为"软""硬"两类。按照教育经费支出的各个主要组成部分在其中所占比例大小，[①] 本章选取农村小学教育事业经费中的"人员经费"与"公用经费"为代表，对地方政府投入行为偏好进行研究。一般而言，"人员经费"中绝大部分资金用来支付教师工资，在地方政府看来，能够保障"吃饭"的"人员经费"相对于"公用经费"更具有刚性。就政策背景而言，2001 年"以县为主"的农村基层教育财政管理体制的确立，实现了"工资"由县级财政负责，提升了人员经费的供给层级，增加供给也被放在首要位置，由此可见，人员经费更类似于"硬"公共品。"公用经费"主要包括维持中小学正常运转的所有日常开销，增加"公用经费"投入在短时间内并不能迅速体现出"政绩"，将其归为"软"公共品。根据以上分析，本章将运用面板时间序列数据方法，对以下假说进行验证。

　　（1）在财政资金紧张的情况下，地方政府对农村基础教育投入的"量出为入"的特点明显，表现在农村小学生均经费支出方面，即预算内、外经费呈负相关的"挤出"关系。

---

　　① 以 2011 年农村小学教育经费支出为例，事业经费占总经费支出的 98.5%，基建经费占 1.5%，其中，组成事业经费的两个部分人员与公用经费分别占当年的事业经费支出的 70.6% 和 29.4%。

（2）受政府偏好的影响，地方政府的公共支出重点集中在"硬"公共品上，对"软"公共品缺乏主动性。在农村基础教育方面，在财政收入增长的情况下，地方政府不会从主观上增加"农村小学生均公用经费预算外"的投入。

## 二 数据说明与实证分析

### 1. 变量的统计描述

将时间序列信息与横截面信息结合起来的面板时间序列数据（Panel Time – Series，PTS），是面板数据理论与应用研究的热点结合面板时间序列的最新发展，下面将采用 2000~2010 年全国 31 个省、自治区和直辖市的农村小学公用与人员生均经费的预算内占比、预算外占比（分别表示为 $personBPE$、$affairBPE$、$personEPE$、$affairEPE$），分别就总体样本和单位样本，分析农村基础教育预算内和预算外生均经费支出的关系，并在此基础上结合 Sys – GMM 估计方法，考察地方政府人均财政收入（$pergov$）变化分别对基础教育中"软""硬"公共品的预算外支出所占比例的影响。主要变量的名称和统计特征见表 6 – 1。

表 6 – 1　变量界定、测量与分布

| 变量名称 | 变量界定 | 均值 | 标准差 | 极大值 | 极小值 |
|---|---|---|---|---|---|
| $personBPE$ | 农村小学预算内人员经费占比 = 农村普通小学生均预算内人员经费/农村普通小学生均人员经费 | 0.89 | 0.085 | 0.99 | 0.64 |

续表

| 变量名称 | 变量界定 | 均值 | 标准差 | 极大值 | 极小值 |
|---|---|---|---|---|---|
| *affairBPE* | 农村小学预算内公用经费占比＝农村普通小学生均预算外公用经费／农村普通小学生均公用经费 | 0.54 | 0.272 | 0.95 | 0.04 |
| *personEPE* | 农村小学预算外人员经费占比＝农村普通小学生均预算外人员经费／农村普通小学生均人员经费 | 0.11 | 0.085 | 0.36 | 0.01 |
| *affairEPE* | 农村小学预算外公用经费占比＝农村普通小学生均预算外公用经费／农村普通小学生均公用经费 | 0.46 | 0.273 | 0.96 | 0.05 |
| *pergov* | 地方政府人均财政收入＝各省财政收入／省人口数 | 0.17 | 0.207 | 1.32 | 0.02 |

注：①回归模型中的 *lpersonEPE*，*laffairEPE*，*lpersonBPE*，*laffairBPE* 以及 *lpergov* 分别为上表中相应变量的对数形式，以确保回归结果的稳定性。

②表中 *pergov* 均值的单位为：亿元/万人。

③N＝341。

资料来源：《中国教育经费统计年》《中国统计年鉴》。

## 2. 实证分析框架

面板时间序列中可能存在异质性（Heterogeneity）及观察不到的共同影响因素所导致的干扰项相关等问题，使得截面相关性（Cross-Section Dependence，CSD）成为此类研究不得不考虑的重要因素。共同因素（Common Factor）建模框架能够有效地解决宏观数据由于异质性、序列不平稳（Nonstationary）以及截面相关（CSD）等问题而引起的面板时间序列识别问题。Eberhardt 和 Bond 运用蒙特卡洛模拟（Monte Carlo Simulation）的方法，分别对标准面板估计方法以及参数估计值异质的估计方法〔POLS，FE，FD-OLS，Mean Group（MG），Augmented Mean Group（AMG）〕进行了验证，显示了最新估计方法在解决截面相关性的同时，具有较好的小样本性质。

根据 Eberhardt 和 Teal 的实证模型：对于每一个 $i = 1$，$\cdots N$ 和 $t = 1$，$\cdots T$，使得，

$$y_{it} = \beta'_i x_{it} + \mu_{it} \mu_{it} = \alpha_i + \lambda' f_t + \varepsilon_{it} \qquad (10)$$

$$x_{mit} = \pi_{mi} + \delta'_{mi} g_{mi} + \rho_{1m} f_{1mt} + \cdots + \rho_{nm} f_{nmt} + \nu_{mit} \qquad (11)$$

其中，$m = 1$，$\cdots k$  and $f_{mt} \subset f_t$

$$f_t = \rho' f_{t l 1} + \varepsilon_t, \quad g_t = \kappa' g_{t l 1} + \varepsilon_t \qquad (12)$$

其中 $x_{it}$ 是解释变量 $i$ 省第 $t$ 年农村小学"预算内生均公用经费（人员经费）占比"的向量。除了采用组间固定效应参数 $\alpha_i$ 之外，在方程（11）中引入一个共同影响因素 $f_t$ 和省际特殊系数 $\lambda_i$。用线性方程的形式描述观察不到的不同省份的因素 $f_t$ 和 $g_t$。

可以看到，方程（10）中影响 $y_{it}$ 的一些共同影响因素，在方程（11）中同时起作用。观察不到的共同影响因素 $f_t$，存在于残差 $\mu_{it}$ 中，与回归量（影响因素）$f_{mt}$ 的重叠所带来的内生性将使得系数 $\beta_i$ 变得难以识别；不可观察的共同影响因素 $\lambda' f_t$ 具有异质性特征，既包含了省际共同特征，也保留了各省之间的独立性。

以上模型① 设定有两个重要特征，即潜在的可观察

---

① 模型的假设包括，误差项 $\varepsilon_{it} \sim N$（$0$，$\sigma^2$），$\nu_{mit}$，$\varepsilon_t$ 也符合类似分布，并不能将可观察变量（$y_{it}$，$x_{it}$）和不可观察变量（$f_t$，$g_t$）是平稳过程当作先验条件（Apriori）。

（$y_{it}$，$x_{it}$）和不可观察变量（$f_t$，$g_t$）的不平稳性，以及可观察和不可观察到的因素的共同作用所导致的省际异质性（$\alpha_i$，$\beta_i$，$\lambda_i$）。

**3. 估计方法**

（1）第一代与第二代单位根检验

面板时间序列单位根检验以及估计方法的不断完善，不仅克服了宏观数据时间跨度小的局限，而且很好地解决了传统面板估计方法中的截面相关性问题，在很大程度上提高了估计结果的可靠性与有效性。

充分利用截面单位信息可以处理面板数据中可能存在的截面相关问题，并且提高检验力度。根据对截面单位相关性假定的不同，面板单位根检验（Panel Unit Root Test，PURT）可以分为第一代面板单位根检验和第二代面板单位根检验。由于存在共同因子的影响，第一代面板单位根检验方法常常采用消除共同时间效应的策略，克服检验过程中截面相关所导致的偏差，但这种方法却无法从根本上消除截面相关性。第二代面板单位根放宽了面板单位根不相关的基本假定，把截面相关性描述成共同因子模型，并允许共同因子对各个截面单位有不同影响，有效的改进了第一代检验结果出现显著偏差的问题。

（2）PTS 估计方法

Pesaran 和 Smith 提出的 MG 估计量并没有充分考虑截面相关性，直接将模型中不可观察的因素做线性处理，所以方程（10）将对每一个面板成员 $i$ 进行包含截距项的固定效应估计,[①] 可以采用加权方式估计面板成员之间的系数均值。[②] 为了解决面板时序中不可观察因素所导致的截面相关问题，Perasan 引入共同因子估计量（Common Correlated Effects Estimator，CCE），对 MG 方法进行了改进。由于上述实证框架设定中，存在截面相关、不可观察的时间变量对面板成员间的异质性影响，以及 $\beta_i$ 的不可识别性（存在 $f_t$ 影响的情况下），因此不同于 MG 估计方法，CCEMG 用组间估计量度量不可观察因素 $f_t$，同时异质性 $\lambda_i$ 也可以同时进行估计，估计系数 $\beta_i$ 则代表由可观察因素带给面板成员的平均影响。截面成员的系数通常理解为不可观察因素的混合影响。[③] AMG 引入了时间虚变量，运用 FDOLS（First Difference Ordinary Least Squares）首先将代表不同年份、不同截面平均变化的不可观察因素提取出来，从而将"不可观察因素看作干扰项"，在实际研究中对重要的因素估计值进行改进。Eberhardt 和 Bond 运用蒙特卡洛实验模拟证明了，AMG 和 CCEMG 方法在小样本非平稳变量（协整或非协整关系）面板数据中，在无偏性或处理截面非独立问题上都有良好的表现。

### 4. 结果与分析

（1）PTS 单位根检验

本文分别采用基于"截面单位相互独立"假定的第一

---

① 可以选择包括线性时间趋势项在同一个方程中估计。
② 但在实际应用中使用的是未加权的结果。
③ 在 CCEMG 中包含"强影响"和"弱影响"，前者可能代表的因素是经济周期冲击（见 Pesaran 和 Tosetti），而后者可能代表的是"地区性的溢出效应"（local spillover effects）。

代面板单位根检验（检验结果详见表 6 - 2），以及克服了
截面相关性的第二代面板单位根检验方法，对农村小学预
算内、外生均公用经费占比以及人员经费占比的单整阶数
进行分析。

**表 6 - 2　各省份预算内外农村生均人员经费、<br>公用经费面板数据单位根检验**

| (A) Maddala and Wu[14] (1999) Panel Unit Root Test (MW) | | | |
|---|---|---|---|
| 变量名称 | *personBPE* | *personEPE* | *affairBPE* | *affairEPE* |
| 原序列 | 42. 095<br>(0. 975) | 16. 158<br>(1. 000) | 33. 378<br>(0. 999) | 46. 590<br>(0. 928) |
| 一阶差分 | 249. 439<br>(0. 000) | 232. 525<br>(0. 000) | 418. 678<br>(0. 000) | 253. 697<br>(0. 000) |

| (B) PesaranPanel Unit Root Test (CIPS) | | | |
|---|---|---|---|
| 变量名称 | *personBPE* | *personEPE* | *affairBPE* | *affairEPE* |
| 原序列 | - 1. 818<br>(0. 308) | - 1. 810<br>(0. 322) | - 1. 670<br>(0. 506) | - 1. 508<br>(1. 000) |
| 一阶差分 | - 2. 525<br>(0. 000) | - 2. 807<br>(0. 000) | - 2. 654<br>(0. 000) | - 3. 308<br>(0. 000) |

注：①第一代和第二代检验均采用存在单位根的原假设。
②MW 检验中的统计量（$P$）服从卡方（Chi - square）分布，CIPS 检验中
的统计量（$t - bar$）服从非标准分布。
③表中统计值下方括号中为 $P$ 值。
④最优滞后阶数根据 Top - down 方法选择。

由表 6 - 2 的检验结果可知，第一代单位根检验不能拒
绝各变量水平值"存在单位根"的原假设，对各时间序列
一阶差分的检验，拒绝了"存在单位根"的原假设（P <
0.001）。因此，我们可以判定样本中的各个时间序列均为
非平稳的过程。

（2）PTS 协整检验

本文采用构造误差修正模型（Error Correction，EC）的方式，对面板时间序列进行协整检验，考察各个非平稳时间序列之间是否存在协整关系。该检验分别构造了两个方差比率统计量，克服现有参数及半参数检验方法存在的局限性。其中一个检验统计量为面板方差比率（$P_t$ 和 $P_a$），另一个为组间均值方差比率（$G_t$ 和 $G_a$）。

协整检验结果如下表 6 – 3 所示，无论是"面板方差比率检验统计量"还是"组间均值检验统计量"，均拒绝了"不存在协整关系"的原假设（$P < 0.001$）。

表 6 – 3　各省份农村生均人员经费以及公用经费
预算内外占比的协整检验

| 变量 | *personBPE* 和 *personEPE* | | *affairBPE* 和 *affairEPE* | |
|---|---|---|---|---|
| | 统计量 | $P$ 值 | 统计量 | $P$ 值 |
| $G_t$ | − 2.643 | 0.100 | − 3.421 | 0.050 |
| $G_a$ | − 3.861 | 0.000 | − 4.225 | 0.000 |
| $P_t$ | − 15.103 | 0.000 | − 20.015 | 0.000 |
| $P_a$ | − 4.363 | 0.000 | − 5.652 | 0.000 |

注：以上方差比率检验统计量均服从渐近正态分布。

（3）面板以及个体协整系数估计

在面板协整检验的基础上，本文采用 Perasan 提出的 CCEMG 方法分别对农村小学人员经费和公用经费的预算内外占比之间关系进行系数估计。结果如表 6 – 4 所示，生均人员经费和生均公用经费预算内、外占比之间，替代弹性系

数分别为 -15.85 和 -1.14，同时，还应注意到各省级单位样本表现出的替代程度不一。另外，除山西、内蒙古、黑龙江和河南等省份，其他省份生均公用经费的预算内外替代关系明显。从具体数值来看，生均公用经费预算内占比每增加1%，预算外经费仅有 1.14% 的下降幅度，人员经费预算内支出占比增加1%时，预算外支出将下降 15.85%。

表 6 - 4　各省份预算内、外农村生均人员经费支出和预算内外农村生均公用经费支出的协整估计

| 省份 | lpersonEPE | Z 值 | laffairEPE | Z 值 |
|------|-----------|------|-----------|------|
| 全国 | -15.85 | -4.61 | -1.14 | -5.87 |
| 北京 | -6.92 | -23.45 | -1.67 | -6.97 |
| 天津 | -10.32 | -13.41 | -0.82 | -6.44 |
| 河北 | -9.56 | -1.87 | -0.65 | -5.02 |
| 山西 | -11.39 | -14.16 | -0.47 | -1.76 |
| 内蒙古 | -3.99 | -29.09 | -0.65 | -1.70 |
| 辽宁 | -3.76 | -17.58 | -1.09 | -2.76 |
| 吉林 | -10.30 | -27.33 | -1.46 | -4.80 |
| 黑龙江 | -5.83 | -5.95 | -0.21 | -0.74 |
| 上海 | -2.43 | -10.41 | -4.68 | -6.04 |
| 江苏 | -8.14 | -9.84 | -0.35 | -3.02 |
| 浙江 | -4.30 | -15.84 | -0.47 | -3.49 |
| 安徽 | -6.03 | -10.24 | -1.35 | -4.85 |
| 福建 | -6.10 | -16.02 | -0.53 | -2.68 |
| 江西 | -7.53 | -10.86 | -0.62 | -3.35 |
| 山东 | -18.49 | -11.88 | -0.62 | -3.58 |
| 河南 | -7.07 | -9.76 | -0.18 | -0.40 |
| 湖北 | -6.03 | -4.00 | -0.69 | -3.13 |
| 湖南 | -7.29 | -10.08 | -0.75 | -3.51 |

续表

| 省份 | lpersonEPE | Z 值 | laffairEPE | Z 值 |
|---|---|---|---|---|
| 广东 | − 5.09 | − 18.22 | − 1.18 | − 4.07 |
| 广西 | − 16.76 | − 5.42 | − 0.65 | − 3.75 |
| 重庆 | − 2.37 | − 27.82 | − 1.70 | − 2.03 |
| 四川 | − 3.23 | − 54.75 | − 2.23 | − 7.68 |
| 贵州 | − 37.16 | − 10.75 | − 0.21 | − 1.02 |
| 云南 | − 9.10 | − 8.84 | − 1.07 | − 4.13 |
| 陕西 | − 22.86 | − 3.28 | − 0.79 | − 1.98 |
| 甘肃 | − 9.77 | − 4.86 | − 0.87 | − 1.84 |
| 青海 | − 14.35 | − 6.54 | − 1.43 | − 2.29 |
| 宁夏 | − 16.24 | − 4.70 | − 1.03 | − 4.13 |
| 新疆 | − 9.42 | − 7.51 | − 1.00 | − 5.33 |

注：为了保证回归的稳健性，西藏和海南的数据未包含在内。

　　地方政府的预算编制过程通常遵守"工资第一"原则，根据剩余财政资金分配公用经费。即使预算内公用经费有所增加，地方财政也可能由于本级财政负责的公用经费收支缺口，而通过其他途径来弥补，因此预算外支出部分便不可能大幅下降。在农村税费改革的大背景下，通过"提高供给层级"以及与之配合的税收返还资金恰好弥补地方政府上缴的财力等途径，保证了预算内人员经费供给。随着预算外经费的逐渐规范化，财力紧张的地方政府对中央转移支付的依赖可能会更严重，从而引起上文提到的对公共品供给水平不足等问题。同时从另一个角度看，也反映了地方政府在公用经费支出方面，面临更大的财政压力。Li、Wang 和 Park 对我国农村小学生均经费供给公平状况的研究发现，人员经费比公用经费配置更加公平。继续提高中央转移支付数量是否能够解决地方政府缺乏激励的问题，从而扭转这种地方财政资金紧缺导致的不均衡配置现状，还值得进一步验证。

所以，下文将选取能够表达地方政府支付意愿的"预算内生均经费支出比例"代表其"偏好"，着重研究地方财政收入增加，对两类公共品预算内经费投入的影响，进而对地方政府在农村基础供给行为偏好做进一步剖析。

**5. 农村基础教育经费结构与地方政府行为偏好——基于系统广义矩的动态面板数据分析**

在中国的分权体制下，地方政府对不同的公共物品供给有着不同的兴趣，中国式分权是理解我国"经济高速增长而公共领域供给低效率"的一个重要的制度性因素。中国的分权体制下，地方政府的行为偏好同时受到现行考核体制（经济增长、税收和基础设施等硬性指标）、财权与事权的匹配和财力限制以及公共品属性（是否直接进入地方官员任期内或当期生产函数）等因素的共同影响。从这个意义上来说，本文将以地方政府人均财政收入、人均生产总值等因素作为解释变量，建立如下动态面板模型。

$$affairBPE = \delta_1 affairBPE_{it-1} + \delta_2 lpergov_{it} + \delta_3 lpergov_{it}D1 +$$
$$\delta_4 lpergov_{it}D3 + \delta_5 lpergov_{it-1} + \delta_6 lperGDP +$$
$$c_{it} + \mu_{it}$$

$$personBPE = \delta_1 personBPE_{it-1} + \delta_2 lpergov_{it} + \delta_3 lpergov_{it}D1 +$$
$$\delta_4 lpergov_{it}D3 + \delta_5 lpergov_{it-1} + \delta_6 lperGDP +$$
$$c_{it} + \mu_{it}$$

其中，$i = 1$，2，$\cdots N$ 表示不同的地区，$t = 1$，2，$\cdots M$ 表示不同年份，因变量 *affairBPE* 和 *personBPE* 分别表示农村小学生均预算内公用经费占比与预算内人员经费占比。自变量包括因变量的一阶滞后项、人均财政收入的对数形式 *lpergov* 及其一阶滞后项以及表示其与东部省份的地区虚变量 *D*1 和西部省份的虚变量 *D*3 的交叉项，人均生产总值的对数形式 *lperGDP*，*c* 为个体异质性，用于描述各省的不可观测因素对农村小学预算外生均公用经费与人员经费占比的影响，$\mu$ 为随机误差项。

以上模型中，由于受预算制定方法的影响，农村小学生均公用和人员经费占比很可能与上一年的情况有关，因此，将滞后项作为解释变量，这样会导致内生性问题。为了防止出现基本计量模型的设定偏误，本书选用广义矩（GMM）方法进行估计。

Arellano 和 Bond 采用 $t - 2$ 期前的因变量滞后项作为因变量一阶差分滞后项的工具变量的差分广义矩（DIF-GMM）方法，得到一致而更为有效的估计结果。在有限样本情况下，DIF-GMM 估计量容易受到弱工具变量的影响，使得估计结果偏误。Arellano 和 Bond 提出把滞后水平值做工具变量的一阶差分方程和将滞后被解释变量的一阶差分做工具变量[①]的水平方程（Level Equation）结合起来的系统广义矩（Sys-GMM）估计方法。[②] 鉴于上文单位根与协

---

① 这些工具变量被要求与个体效应无关。
② 蒙特卡罗模拟试验表明，有限样本下，Sys-GMM 估计的偏差更小，有效性更高。

整检验的结果，本文将采用 Sys-GMM 方法，使用 Sargan 过
度识别检验，对工具变量的有效性进行检验。回归结果如
表 6 – 5 所示。

**表 6 – 5　各省一般预算财政收入的变化对预算内农村
生均人员经费以及公用经费的影响**

| | *affairBPE* | *personBPE* |
|---|---|---|
| *lpergov* | – 0. 681*** | – 0. 110*** |
| | ( – 11. 68) | ( – 7. 24) |
| *lperGDP* | 1. 168*** | 0. 119*** |
| | (15. 50) | (6. 10) |
| *lpergovD1* | 0. 123*** | 0. 00185 |
| | (12. 14) | (0. 71) |
| *lpergovD3* | – 0. 0641*** | 0. 00961** |
| | ( – 5. 32) | (3. 07) |
| *_cons* | – 1. 338*** | 0. 613*** |
| | ( – 8. 62) | (15. 18) |
| *N* | 310 | 310 |

注：①括号内是 t 值，**、***分别代表 5%、1% 的水平上显著。
②过度识别检验使用 Sargantest 统计量，结果是不能拒绝原假设，"所有的
工具变量都是外生的"，即 Sys – GMM 方法是有效的。

从实证结果可以看出，在地方一般预算财政收入增加
的情况下，农村地区小学生均人员经费和公用经费预算内
的占比都是下降的，其中，在地方一般预算财政收入增长
1% 的情况下，生均公用经费预算内占比下降了 0.68%；
生均人员经费预算内此项比例则下降 0.1%。这意味着，
无论针对人员经费还是公用经费，地方政府在其财政收入
增加的情况下，都没有激励对预算内的两类教育经费进行

补充。结合地方人均财政收入与地区虚变量的交叉项 *lpergovD*1 与 *lpergovD*3 的系数来看，相对于中部农村地区小学来说，地方政府财政收入增长 1%，西部地区的预算内公用经费减少 0.74%，而东部地区则减少 0.56%，这种地区之间的差异，同时说明了财政状况相对较差的西部地区可能更加没有激励增加预算内公用经费的投入。与之相比，地方政府在财政收入增长的情况下，可能更加偏好于增加预算内的人员经费。另外，人均生产总值对预算内的人员经费和公用经费有正向影响，当人均 GDP 增加 1% 时，预算内公用经费和人员经费占比分别增加 1.16% 和 0.12%。

相对来说，生均人员经费预算内支出能够在地方人均财政收入增长的情况下得到一些补充，结合上文农村基础教育预算内、外经费供给之间的"挤出"关系，可以推知，在公用经费与人员经费的支出权衡中，农村小学生均公用经费的供给处于更加不利的境地，尤其是财政状况不好的西部地区，其对增加预算内公用经费的投入的激励更低。

## 第三节　本章小结

通过农村基础教育的预算内、外经费支出的协整关系估计，本章验证了现行的农村基础教育财政体制对地方政府的激励不足，可能导致地方政府对中央转移支付的依赖行为。通过对行为偏好部分的分析发现，地方政府更加偏向于人员经费投入的行为，这也同时表明了农村基础教育公用经费的供给比人员经费供给可能面临更加严峻的形势。

在分税制改革之后，地方财政所形成的缺口，以及改革并没有对中央和地方在农村基础教育支出责任上做出相应的调整，导致了地方政府在预算软约束的政策体系下，过分依赖上级转移支付，表现出对"见效"慢的公共品缺乏偏好的农村基础教育供给行为。为解决农村基础教育供给资金紧张的问题，国家加大了农村基础教育预算内经费的投入，2006 年至 2010 年，农村基础教育经费保障机制改革全国财政累计拨款 4588 亿元，农村基础教育预算内经费占农村基础教育总投入比重由 1999 年税费改革前的 67% 提高到 2009 年的 93%。然而，由于预算内经费的增加主要用于发放教师工资，公用经费甚至基建经费等仍呈现较大的结构性缺口。因而，依靠上级转移支付来缓解本级财政紧张的状况也就在所难免。实际上，在现有的分税制财政体制下，我国形成了一种省级财政"量出为入"的长期收支均衡状态，财政收入对支出缺乏预算约束作用，"财政支出增长反而拉动收入上升"的状况说明地方财政支出规模有日益膨胀的可能，进而加剧"依赖中央财政转移支付"的地方行为（马兹辉，2008）。

《中国农村教育发展报告 2012》的数据结果显示，2012 年中央财政教育支出达 3781 亿元，其中 1356.04 亿元用于基础教育，占教育财政支出总量的 35.86%，基础教育经费继续向农村地区倾斜。[1] 除此之外，根据《2012 年

---

[1]　资料来源：中国教育新闻网，http://jijiao.jyb.cn/xw/201401/t20140116_567479.html。

全国教育经费执行情况统计公告》，2012 年我国农村小学生均公共财政预算公用经费为 1743.41 元，比上年的 1282.91 元增长了 35.89%，增长幅度高于全国普通小学平均水平。而根据中央教育科学研究所的实地调研，有些区县内农村中小学的生均公用经费支出甚至高于城镇。[①] 尽管国家为推动城乡教育的均衡发展所做出的将公共财政向农村基础教育倾向的决策和导向是值得肯定的，但根据上文的结论，一味强调"预算外经费的废止或进一步提高公用经费的供给层级（张光，2006）"都不能从根本上解决农村基础教育的不公平供给问题，甚至会加大不均衡的程度。严格限制预算内、外经费数量比例，逐步取消预算外教育经费，同时将人员经费的负责层级上移至中央，采用激励机制鼓励或严格管理地方政府对公用经费的投入，将是保障农村基础教育均衡、充足供给的关键。

---

① 资料来源：《中国教育发展系列报告》，http：//www.nies.net.cn/zy/wjdc/201206/t20120605_ 305168.html。

# 第七章　结论与讨论

## 第一节　主要结论

在现阶段大量人口由农村迁移到城镇的情况下，地方政府倾向于将有限的公共服务资源集中到城镇地区，一方面是为了缓解城镇公共服务机构容纳能力不足导致的服务需求压力，另一方面也尽可能地提高了设施的利用效率。然而，公共服务资源向城镇地区的倾斜也造成了农村地区的弱势群体及贫困群体能够享受到的公共服务质量下降，或公共服务成本上升导致不公平现象的发生。

人口的持续迁移和城镇化趋势不可逆转的现实状况，既给我国的城乡一体化道路中的公共服务政策设计提出了新的挑战，同时也提供了一个构建城乡统筹的公共政策体系，改善城乡分割状况，缩小不同群体间的福利差距，促进城乡融合的契机。本书以基础教育为例，分析了人口流动在二元结构下的收入分配、公共服务供给的城乡分割制度等新旧问题同时存在的情况，给劳动力、资本等生产要素的配置带来的新挑战。

　　根据国家统计局的数据，2013 年，中国城镇化率已达到 53.7%，而 2015 年 4 月发布的第二部连片特困区"蓝皮书"《中国连片特困区发展报告（2014～2015)》中指出，连片特困区接近 30% 的城镇化率落后于全国平均水平约 25%，这些地区依靠劳动力流动摆脱贫困的趋势在短期内将不可避免。因此，贫困地区的公共服务城乡配置难题，将伴随着社会结构和生产要素在经济发展过程中的流动和变化持续存在，如何采取合理有效的政策制度安排解决这些地区，尤其是其农村地区贫困人口在公共服务的获得。本书以河南和甘肃两省为例，考察了其中涉及地方政府的行为，并提出了相应的政策改进建议。本书的主要结论如下。

　　①以"农村中小学校布局调整"这一具体政策为依托，验证了地方政府在基础教育资源配置过程中的城镇倾向。分析表明，在面对公共服务资源配置的两难选择时，地方政府自身的财政能力和加快"城镇化"推进速度的驱动力，对地方政府大力推行农村小学的"撤并"行为的决策有重要的作用。

　　②新的城镇偏向的资源配置行为，在现阶段我国城乡基础教育在经费水平、办学条件和师资力量方面存在差距的情况下，可能造成弱势群体由于主动获取服务的能力不足而带来的公平性问题。依据森的可行能力理论，针对农村内部群体的迁移行为，验证了就学地选择有关的迁移行为决策实际上受到了收入水平高低的限制。也就是说，目

前留守在农村的人口实际上存在着由于缺乏可行能力而选择权利受限的状况，这会导致进一步的不公平。

③一般来说，解决农村公共服务供给公平性问题的思路通常是加大本级财政供给或是增加中央转移支付水平。在教育财政供给中所涉及的公用经费与人员经费的筹资渠道和负责层级等问题的已有研究的基础上，结合政府偏好理论，通过考察预算内外支出之间及预算外支出与政府财政能力间关系，本研究讨论了地方政府在公用经费与人员经费两种具有不同性质的经费上的投入行为，得出了"与人员经费相比，公用经费的投入更易被地方政府忽略，从而造成短缺局面"的结论。

## 第二节　讨论与建议

农业部调研组的调查结果显示，农村劳动力外出就业总量在今后几年将呈现平稳增长态势，每年新增人数将维持在 400 万～500 万左右，增幅在 4%～5%。也就是说，无论是从历史经验还是制度变迁的道路来看，劳动力从农村向城镇的大规模流动的状况在我国将长期存在。城镇化过程中已经或仍将会出现的各种问题，有待于通过对现阶段实际问题处理过程中的认识和剖析，以全局眼光逐步解决。因此，在承认目前农村公共服务制度设计中的城乡分割的客观性的前提下，逐步构建一个以城乡统筹为目标的公共服务政策体系是必要而且紧迫的。

就本文的研究对象来说，城乡基础教育资源配置中，地方政府行为的扭曲，及其所导致的流动人口子女就学问题、城市学区房价（租）高及农村地区教育质量长期以来的低水平等问题看似是现实中难以解释的现象，但这实际上是与地方政府同时扮演和充当"谋求地区资源的最优配置和地方利益的最大化"和"政府官员利用公共资源实现集体利益"的角色，并因此产生冲突和矛盾有关。根据公共管理理论，集体行为归根结底是由个人行为决定的，而政府并不以盈利为目的的属性则对政府官员的激励作用非常有限。正如本研究在论述地方政府对农村小学实行"撤点并校"政策时动机的复杂化中，得出"效率至上"为导向的地方政府行为的结论。正是我国长期以来以 GDP、人均 GDP 等反映经济增长的业绩指标作为评价体系，导致地方政府采用"经营城市（社区）"① 方式来"追逐利益"。这意味着，如何设计合理的地方政府行为的指标体系，例如由"经济增长型"转变为经济、社会、环境与生态等协调发展的综合指标体系，或尝试引入平均寿命、平均受教育年限以及人均 GDP 三个指标所构成的"人文发展指数"（Human Development Index，HDI），② 把城乡统筹发展以及社会协调发展作为指标体系重构政府工作的重心，将是今后城乡公共服务资源政策制定过程中需要考虑的首要问题。

政府工作重心的转变意味着政府职能的改进，而设计

---

① 王珺（2004）将地方政府在改革开放以来不断变化的经济环境下，通过适应性调整所做出的创新行为概括为"经营企业"、"经营城市（社区）"和"经营园区"三个阶段，并论述了"增长取向"在这种行为演变中的重要意义。

② 联合国开发计划署：《1990 年人文发展报告》，1990。

合理的制衡、监督以及评价机制，保证居民的自由选择权利，将是引导地方政府行为朝着减弱对经济的直接参与，服务公众，满足社会需求职能方向调整的重要环节。本书的第五章以森的"可行能力"为理论基础，论证了收入作为一种支撑作为公平的自由的手段的重要性。制度惰性[①]在一定程度上决定了我国城乡二元结构，并不会契合市场经济的建立和健全的脚步而得到同等程度的松绑，短期内无法均衡的城乡公共资源配置就是城乡二元结构长期存在的一种表现。城乡分割的资源配置制度安排本身就是不利于缩小不同群体的收入差距，甚至还会起到逆向调节的作用。农村居民对一些公共品，尤其是对子女教育、公共医疗等的基本公共服务，所表现的需求，会因为公共品的特殊属性，处于一种仍受制于收入水平的需求阶段。因而，如何保障弱势群体的资源可获得渠道，制定提供安全预期的社会保障制度，设计合理的"贫困瞄准"机制和有效的补贴政策，保证公共资源在城乡居民之间合理转移，降低农村人口在城镇化过程中的成本，提高农村人口的城市化水平，从而加快城镇化进程，是实现城乡一体化平稳过渡和城乡统筹需要关注的又一重点。

促进教育公平，一方面要采取瞄准困难群体和贫困地区接受教育和发展教育的措施，另一方面也要在具体的教

---

① 制度惰性是指制度变迁所经历的时滞，既包括一种效益更好的制度对另一种制度的替代过程，也包括对一种更有效益的制度的生产过程，还包括人与人之间的交易获得制度结构改善的过程。从制度创新的角度，还可以将制度惰性理解为制度创新的过程，及人类为减低生产的交易成本而做出努力的过程，或者制度变迁的路径锁定程度（丁晓安，2009）。

育投入政策上做出激励，确保有限教育资金用在"刀刃"上。本书在第六章中对现行的财政体制中的"预算软约束"和"筹资多元化"等机制的改进性进行了分析，实证结果表明，这两种解决措施不仅不能对基础教育的投入体制起到监管的"纠偏"作用，而且会放大地方政府的"偏好"，从而造成某一类经费的短缺的现象。由于本研究证实了"公用经费"更容易被地方政府忽视，因此根据现有的教育财政政策，可以适当调整中央和地方政府对公用经费的负担比例，① 避免地方财政"量出为入"，以及长期依靠上级转移支付的收支均衡状态。于人员经费，可以考虑改变现有的县级财政统筹教师工资的政策规定，利用中央转移支付的形式负担教师工资，不仅便于转移支付总量的计算，也能够在一定程度上缓解缺乏"刚性"造成的公用经费的结构性缺口。

城镇化是我国经济发展和社会发展过程中的必经阶段，其中涉及的问题也是相互关联相互牵制的。城乡间的基础教育资源配置仅仅是其中的一个环节，与其相关的土地、户籍、社会保障、就业以及财政政策等制度的配合等问题，也是在后续研究中需要关注的重点。

《国家中长期教育改革和发展规划纲要（2010～2020年）》提出，要"建立城乡一体化义务教育发展机制"。以

① 我国公用经费所需资金由中央和地方按照比例共同分担，其中免学杂费资金的中央－地方分担比例，西部地区为 8：2，中部地区为 6：4，东部地区除直辖市外，按照财力状况分省确定。免费提供教科书资金，中西部地区由中央全额承担，东部地区由地方自行承担。补助寄宿生生活费资金由地方承担，补助对象、标准及方式由地方人民政府确定。

往的研究结果和上述论证表明，地方政府行为取向将会随着评价体系和机制的变化做出相应的调整，需要弥合二元结构和重建制度本身的机制设计，赋予公民自由的权利，保证社会边缘群体和个人获得主体意识和主体地位；改善社会经济政治文化制度环境，使他们得以主动参与决策过程，这不仅是以"自由"为目的，更是以此为"发展"手段的新阶段城镇化的新理念，实现改进除了基础教育，有关流动人口群体和农村居民的养老保障、医疗卫生及劳动用工制度的城乡分割问题的长远目标的过程，更是构建以制度正义为基础，和谐发展的社会的必然要求。期望本书能够在现有的体制和框架下，通过城乡基础教育资源配置领域的现实状况，为我国城乡一体化的顺利实现提出一些有实践意义的看法和建议。

# 参考文献

［1］Au C-C, Henderson J V. Are Chinese cities too small? ［J］. The Review of Economic Studies, 2006, 73 (3): 549 – 576.

［2］Arellano, M. , & Bond, S. Some Tests of Specification for Panel Data: Monte Carlo Evidence and an Application to Employment Equations ［J］. The Review of Economic Studies, 1991, 58 (2): 277 – 297.

［3］Arellano, M. , & Bover, O. Another Look at the Instrumental Variable Estimation of Error – components Models ［J］. Journal of econometrics, 1995, 68 (1): 29 – 51

［4］Blundell, R. , & Bond, S. Initial Conditions and Moment Restrictions in Dynamic Panel Data Models ［J］. Journal of econometrics, 1998, 87 (1): 115 – 143

［5］Blundell, R. , & Bond, S. GMM Estimation with Persistent Panel Data: an Application to Production Functions ［J］. Econometric reviews, 2000, 19 (3), 321 – 340

［6］Bradford D F, Oates W E. The analysis of revenue sharing in a new approach to collective fiscal decisions ［J］. The Quarterly Journal of Economics, 1971, 85 (3): 416 – 439.

［7］Baumol W J, Willig R D. Fixed costs, sunk costs, entry barriers, and sustainability of monopoly ［J］. The Quarterly Journal of Economics, 1981, 96 (3): 405 – 431.

［8］Benjamin D, Brandt L, Glewwe P, et al. Markets, human capital, and inequality: Evidence from rural China ［J］. 2000.

［9］Dixit A K, Stiglitz J E. Monopolistic competition and optimum product diversity ［J］. The American Economic Review, 1977: 297 – 308.

［10］Eberhardt, M. , Bond, S. Cross-section Dependence in Nonstationary Panel Models: A Novel Estimator. MPRA Paper No. 17692, 2009.

[11] Eberhardt, M. , Teal, F. Productivity Analysis in Global Manufacturing Production. Discussion Paper Series, University of Oxford, 2010.

[12] Fujita M, Mori T, Henderson J V, et al. Spatial distribution of economic activities in Japan and China [J]. Handbook of regional and urban economics, 2004 (4): 2911 – 2977.

[13] Ghatak S, Levine P, Price S W. Migration theories and evidence: an assessment [J]. Journal of Economic Surveys, 1996, 10 (2): 159 – 198.

[14] Keen, M. , & Marchand, M. Fiscal Competition and the Pattern of Public Spending [J]. Journal of public economics, 1997, 66 (1), 33 – 53.

[15] Li, W. , Park, A. , & Wang, S. School Equity in Rural China. In E. Hannam & A. Park (Eds. ), Education and Reform in China [M]. New York, NY: Routledge, 2007, 27 – 43.

[16] Lewis W A. Economic development with unlimited supplies of labour [J]. The manchester school, 1954, 22 (2): 139 – 191.

[17] Musgrave R A. Theory of public finance: a study in public economy [J]. 1959.

[18] Maddala G S. Limited-dependent and qualitative variables in econometrics [M]. Cambridge University Press, 1983.

[19] Maddala G S. Limited-dependent and qualitative variables in econometrics [M]. Cambridge university press, 1986.

[20] Maddala, G. S. , Wu, S. A Comparative Study of Unit Root Tests with Panel Data and a New Simple Test. Oxford Bulletin of Economics and statistics, 1999, 61 (1), 631 – 652.

[21] Pedroni, P. Fully Modified OLS for Heterogeneous Cointegrated Panels and the Case of Purchasing Power Parity [M]. Documento de Trabalho. 1996, 93 – 103.

[22] Pesaran, M. H. A Simple Panel Unit Root Test in the Presence of Cross-section Dependence [J]. Journal of Applied Econometrics, 2007, 22 (2), 265 – 312.

[23] Pesaran, M. H. , Smith, R. Estimating Long-run Relationships from Dynamic hHeterogeneous Panels [J]. Journal of econometrics, 1995, 68 (1), 79 – 113.

[24] Perasan, H. A Simple Panel Unit Root Test in the Presence of Cross-section Dependence, Cambridge University, Working Paper, 2006, No. 0346.

[25] Pesaran, M. H. , Tosetti, E. Large Panels with Common Factors and Spatial Correlation [J]. Journal of Econometrics, 2011, 161 (2), 182 – 202.

[26] Rothbard M N. Toward a reconstruction of utility and welfare economics [M]. Center for Libertarian Studies New York, 1977.

[27] Ranis G, Fei J C. A theory of economic development [M]. 1961.

[28] Samuelson P A. The pure theory of public expenditure [J]. The review of economics and statistics, 1954, 387 – 389.

[29] Stark O, Lucas R E. Migration, remittances, and the family [J]. Economic

Development and Cultural Change, 1988, 36 (3): 465 - 481.

[30] Sjaastad L A. The costs and returns of human migration [J]. The journal of political economy, 1962, 80 - 93.

[31] Tiebout C M. A pure theory of local expenditures [J]. The journal of political economy, 1956, 64 (5): 416 - 424.

[32] Todaro M P. A model of labor migration and urban unemployment in less developed countries [J]. American economic review, 1969, 59 (1): 138 - 148.

[33] Westerlund, J. A Panel CUSUM Test of the Null of Cointegration [J]. Oxford Bulletin of Economics and statistics, 2005, 67 (2): 231 - 262.

[34] West L A, Wong C P. Fiscal decentralization and growing regional disparities in rural China: some evidence in the provision of social services [J]. Oxford Review of Economic Policy, 1995, 11 (4): 70 - 84.

[35] 阿特金森, 斯蒂格利茨. 公共经济学 [M]. 上海三联书店, 1992.

[36] 蔡昉, 都阳, 王美艳. 劳动力流动的政治经济学 [M]. 上海三联书店, 2003.

[37] 蔡昉, 白南生. 中国转轨时期劳动力流动 [M]. 社会科学文献出版社, 2006。

[38] 蔡昉, 都阳. 迁移的双重动因及其政策含义 [J]. 中国人口科学, 2002, (4): 1 - 7.

[39] 迟福林, 方栓喜, 匡贤明. 加快推进基本公共服务均等化 (12 条建议) [J]. 经济研究参考, 2008, (3): 21 - 31.

[40] 陈钊, 陆铭. 从分割到融合: 城乡经济增长与社会和谐的政治经济学 [J]. 经济研究, 2008 (1): 21 - 32.

[41] 查尔斯, 沃尔夫. 市场, 还是政府——不完善的可选事物间的抉择 [M]. 重庆出版社, 2007.

[42] 楚红丽. 我国义务教育阶段城市与县乡家庭教育支出影响因素的对比分析 [J]. 教育学报, 2008.

[43] 丁维莉, 陆鸣. 教育的公平和效率是鱼和熊掌吗 [J]. 中国社会科学, 2005 (6): 47 - 57.

[44] 丁晓安. 中国农村公共品供给制度正义研究 [D]. 武汉大学, 2009.

[45] 丁菊红, 邓可斌. 政府偏好, 公共品供给与转型中的财政分权 [J]. 经济研究, 2008 (7): 78 - 89.

[46] 都阳. 影子工资率对农户劳动供给水平的影响——对贫困地区农户劳动力配置的经验研究 [J]. 中国农村观察, 2000 (5): 36 - 42.

[47] 范建勇. 市场一体化, 地区专业化与产业集聚趋势 [J]. 中国社会科学, 2004 (6): 39 - 39.

[48] 付文林. 人口流动的结构性障碍: 基于公共支出竞争的经验分析 [J]. 世界经济, 2008, 30 (12): 32 - 40.

［49］ 范先佐．农村中小学布局调整的原因，动力及方式选择［J］．教育与经济，2006（1）：26 – 29．

［50］ 傅勇，张晏．中国式分权与财政支出结构偏向：为增长而竞争的代价［J］．管理世界，2007（3）：4 – 12．

［51］ 顾佳峰．中国教育支出与经济增长的空间实证分析［J］．教育与经济，2007（1）：29 – 33．

［52］ 豪尔绍尼．价值判断［D］．1992．

［53］ 哈维·S. 罗森，特德·盖亚．财政学［M］．中国人民大学出版社，2009．

［54］ 胡鞍钢，赵黎．我国转型期城镇非正规就业与非正规经济（1990—2004）［J］．清华大学学报：哲学社会科学版，2006，21（3）：111 – 119．

［55］ 黄佩华．中国国家财政与地方财政：省级支出考察．1999，世界银行中国农村公共财政国际研讨会论文．

［56］ 江依妮，张光．中国省内财政分权的演进与农村义务教育投入［J］．教育与经济，2008，3（4）：57 – 61．

［57］ 江明融．公共服务均等化论略［J］．中南财经政法大学学报，2006（3）：43 – 47．

［58］ 金东海，任强，郭秀兰．西北民族地区农村义务教育阶段学校教师资源配置效率现状调查［J］．当代教育与文化，2010，2（2）：1 – 6．

［59］ 路江涌，陶志刚．中国制造业区域聚集及国际比较［J］．经济研究，2006，3（103）．

［60］ 李华．中国农村：公共品供给与财政制度创新［M］．经济科学出版社，2005．

［61］ 李凌，卢洪友．农村义务教育均等化转移支付规模研究：基于财政需要的实证分析［J］．当代财经，2008（10）：30 – 35．

［62］ 刘芳．中国教育财政分权对义务教育投入水平的影响［J］．世界经济情况，2008（9）：50 – 54．

［63］ 李玉英，田民政，于晓燕．城镇基础教育发展必须与城镇化进程同步——陕西省进城务工人员随迁子女接受义务教育情况调查［J］．陕西教育学院学报，2009，25（1）：9 – 15．

［64］ 刘传江，段平忠．人口流动对经济增长地区差距的影响［J］．中国软科学，2005（12）：99 – 109．

［65］ 李强，陈宇琳，刘精明．中国城镇化"推进模式"研究［J］．中国社会科学，2012，7（82）：100．

［66］ 李义波．农村居民公共产品需求偏好状况研究［J］．南京农业大学学报：社会科学版，2004（4）．

［67］ 李强，罗仁福，刘承芳．新农村建设中农民最需要什么样的公共服务——农民对农村公共物品投资的意愿分析［J］．农业经济问题，2006（10）：

15 – 20.

[68] 林宏. 福建省"留守孩"教育现状的调查 [J]. 福建师范大学学报：哲学社会科学版，2003（3）：132 – 135.

[69] 林毅夫. 解读中国经济 [J]. 南京农业大学学报（社会科学版），2013，13（2）.

[70] 林万龙. 中国农村公共服务供求的结构性失衡：表现及成因 [J]. 管理世界，2007（9）：62 – 68.

[71] 林万龙. 不同级层财政主体的农村公共服务供给能力分析 [J]. 甘肃行政学院学报，2009（1）：21 – 25.

[72] 林万龙. 经济发展水平制约下的城乡公共产品统筹供给：理论分析及其现实含义 [J]. 中国农村观察，2005（2）：31 – 37.

[73] 李实. 农村妇女的就业与收入——基于山西若干样本村的实证分析 [J]. 中国社会科学，2001（3）：56 – 69.

[74] 厉以宁. 经济学的伦理问题 [M]. 生活. 读书. 新知三联书店，1995.

[75] 吕炜，王伟同. 我国基本公共服务提供均等化问题研究——基于公共需求与政府能力视角的分析 [J]. 财政研究，2008（5）.

[76] 马国贤. 基本公共服务均等化的公共财政政策研究 [J]. 财政研究，2007（10）：74 – 77.

[77] 马兹晖. 中国地方财政收入与支出——面板数据因果性与协整研究 [J]. 管理世界，2008（3）：75 – 86.

[78] 庞丽娟，韩小雨. 农村中小学布局调整的问题，原因及对策 [J]. 教育学报，2005（4）.

[79] 彭大鹏，赵俊清. 农村"留守子女"问题之社会和政策因素分析 [J]. 基础教育参考，2005（1）：35 – 37.

[80] 平新乔，白洁. 中国财政分权与地方公共品的供给 [J]. 财贸经济，2006（2）：49 – 55.

[81] 乔宝云，范剑勇，冯兴元. 中国的财政分权与小学义务教育 [J]. 中国社会科学，2005（6）：7.

[82] 乔宝云，刘乐峥，赵建梅. 公共财政研究报告：中国税收收入和税收收入能力研究 [M]：中国财政经济出版社. 2009

[83] 阿马蒂亚·森. 以自由看待发展：Development as freedom [M]. 中国人民大学出版社，2002.

[84] 斯蒂芬，贝利. 地方政府经济学：理论与实践. 北京大学出版社，2006.

[85] 陶然，孔德华，曹广忠. 流动还是留守：中国农村流动人口子女就学地选择与影响因素考察 [J]. 2011.

[86] 唐钧. "公共服务均等化"保障 6 种基本权利 [J]. 时事报告，2006（6）：42 – 43.

[87] 谈松华. "短缺教育"条件下的教育资源供给与配置：公平与效率 [J].

教育研究，2001（8）：3-7.

[88] 吴忠民．重视民生：公正和效率的最佳结合点［J］．理论参考，2006（3）：29-30.

[89] 吴红宇．农村劳动力迁移动机与制度冲突研究［D］．华南师范大学，2007.

[90] 王志凯．比较福利经济分析［M］．浙江大学出版社，2004.

[91] 吴春霞．中国城乡义务教育经费差距演变与影响因素研究［J］．教育科学，2007，23（6）：1-5.

[92] 王蓉．教育水平的差异与公共教育资源分配的不平等［J］．北大教育经济研究，2004，4（9）：1-22.

[93] 王谦．城乡公共服务均等化问题研究［M］．山东人民出版社，2009.

[94] 王莹．基础教育服务均等化：基于度量的实证考察［J］．华中师范大学学报：人文社会科学版，2009，48（1）：112-118.

[95] 王莹．财政公平视角下的基础教育服务均等化分析［J］．教育与经济，2007，2（2）.

[96] 王丽娟．人口流动与财政竞争——基于财政分区和户口政策的比较视角［J］．中央财经大学学报，2010（3）：17-21.

[97] 王蓉，杨建芳．中国地方政府教育财政支出行为实证研究［J］．北京大学学报（哲学社会科学版），2008（4）：128-137.

[98] 王敬尧，宋哲．地方政府财政投入与基本公共服务均等化［J］．华中师范大学学报：人文社会科学版，2008，47（1）：27-34.

[99] 王珺．增长取向的适应性调整：对地方政府行为演变的一种理论解释［J］．管理世界，2004（8）：53-60.

[100] 王善迈．教育投入与产出研究［M］．河北教育出版社，1996.

[101] 徐敏丽．农村教育人口的流动性与教育费用分担的实证研究［J］．湖南财经高等专科学校学报，2009，25（1）：89-92.

[102] 谢宝贵．平等主义视野下的分配正义［D］．华东师范大学，2012.

[103] 夏纪军．人口流动性，公共收入与支出——户籍制度变迁动因分析［J］．经济研究，2004（10）：56-65.

[104] 岳军．公共服务均等化，财政分权与地方政府行为［J］．财政研究，2009（5）：37-39.

[105] 叶建亮．公共产品歧视性分配政策与城市人口控制［J］．经济研究，2006（11）：27-36.

[106] 许丽英．教育资源配置理论研究［D］．东北师范大学，2007.

[107] 熊向明．对当前农村中小学布局调整的反思——河南中原地区农村中小学布局调整调查分析［J］．教育与经济，2007（2）：50-53.

[108] 许召元，高颖，任婧玲．农民工子女就学地点选择的影响因素分析［J］．中国农村观察，2008（6）：002.

[109] 项继权，袁方成，吕雁归．农民要的与政府给的差距有多大？——对我国农村社区居民公共需求的调查与分析 [J]．理论与改革，2010 (1)：040.

[110] 姚莉．城乡教育均等化与"以省为主"财政投入体制的构建 [J]．财会研究，2008 (23)：7 – 10.

[111] 姚洋．自由，公正和制度变迁 [M]．河南人民出版社，2002.

[112] 姚枝仲，周素芳．劳动力流动与地区差距 [J]．世界经济，2003 (4)：35 – 44.

[113] 袁连生．我国义务教育财政不公平探讨 [J]．教育与经济，2001 (4)：1 – 5.

[114] 袁连生．论教育的产品属性，学校的市场化运作及教育市场化 [J]．教育与经济，2003 (1)：11 – 15.

[115] 叶裕民，黄壬侠．中国流动人口特征与城市化政策研究 [J]．中国人民大学学报，2004 (2)：75 – 81.

[116] 叶文振．论孩子的教育费用及其决定因素 [J]．统计研究，1999 (5)：35 – 39.

[117] 叶子荣，刘鸿渊．农村公共产品供给制度：历史，现状与重构 [J]．学术研究，2005 (1)：57 – 62.

[118] 曾以禹．农村义务教育财政投入研究 [D]．中国农业科学院博士学位论文，2006.

[119] 周黎安．中国地方官员的晋升锦标赛模式研究 [J]．经济研究，2007，7 (36)：50.

[120] 周业安，王曦．中国的财政分权与教育发展 [J]．财政研究，2008 (11)：16 – 19.

[121] 周飞舟．谁为农村教育买单？——税费改革和"以县为主"的教育体制改革 [J]．北京大学教育评论，2004，2 (3)：46 – 52.

[122] 邹湘江．基于"六普"数据的我国人口流动与分布分析 [J]．人口与经济，2011 (6)：23 – 33.

[123] 郑准．略论我国的社会分层变化及其对教育公平的影响 [J]．华南师范大学学报：社会科学版，1999 (2).

[124] 张锦华．教育不平等，收入非平衡与贫困陷阱——对农村教育和农民收入的考察 [J]．经济经纬，2008 (6)：107 – 110.

[125] 张问敏．关于收入差距与工资体制改革问题的争论 [J]．经济研究参考，2005 (29)：23 – 33.

[126] 张光．转移支付对县乡财政教育支出的影响——以浙江、湖北、陕西为例 [J]．教育与经济，2006 (2)：31 – 32.

# 附　录

附录：就学地选择农户调查问卷

## A. 家庭基本情况

|  | 问题 | 答案 | 备注 |
|---|---|---|---|
| A1 | 受访者姓名与户主关系①户主本人；②夫妻；③父子；④母子 | | |
| A2 | 您家里几口人？ | | |
| A3 | 家里子女的个数 | | |
| A3a | 目前上小学和初中（义务教育阶段）有＿＿＿个 | | |
| A4 | 家里是否有耕地：①是，＿＿＿亩；②否 | | |
| A5 | （家里无人外出务工则跳过此题）孩子父母外出务工情况：①父亲；②母亲；③父母 | | |
| A6 | 在家中照顾孩子的是：①母亲；②父亲；③祖父祖母（外祖父外祖母）；④孩子寄养在亲戚家 | | |
| A7 | 孩子父母外出务工迁移区域：①跨省；②省内市外；③市内县外；④县内乡镇外；⑤乡镇内 | | |
| A8 | 户口类型：①农业；②非农业 | | |

续表

| | 问题 | 答案 | 备注 |
|---|---|---|---|
| A9 | 孩子父亲学历:①小学;②初中;③高中;④大学本科;⑤其他(请补充) | | |
| A10 | 孩子母亲学历:①小学;②初中;③高中;④大学本科;⑤其他(请补充) | | |
| A11 | 母亲政治面貌:①中共党员;②民主党派;③共青团员;④群众 | | |
| A12 | 父亲政治面貌:①中共党员;②民主党派;③共青团员;④群众 | | |
| A13 | 家里是否有村干部:①是;②否 | | |
| A14 | 目前家庭居住地:①农村;②县城 | | |
| A15 | 是否举家迁移:①是;②否 | | |
| A16 | 如果选"是",请回答迁移原因:①工作需要;②教育质量;③多个孩子需要照顾;④其他(请补充) | | |
| A17 | 外出务工从事的工作:①采矿业;②制造业;③建筑业;④交通运输、仓储和邮政业;⑤批发和零售业;⑥住宿和餐饮业;⑦居民服务和其他服务业;⑧教育;⑨租赁和商品服务业;⑩其他(请补充) | | |
| A18 | 孩子家长是哪一年开始外出务工的? | | |

## B. 义务教育阶段子女就学基本情况（注：分为迁移儿童表 BI；普通农村儿童填表 BII）

### BI 迁移儿童表

|  | 问题 | 答案 | 备注 |
|---|---|---|---|
| B11a | 子女性别 | | |
| B11b | 年龄 | | |
| B11c | 就读年级 | | |
| B11d | 哪一年迁入县镇就读的？ | | |
| B12 | 就读学校类型：①公办；②私立；③民办 | | |
| B13 | 是否寄宿：①是；②否（选择"是"自动跳过 B14 题） | | |
| B13a | 上题选"是"，则寄宿类型：①学校宿舍；②私人 | | |
| B13b | 宿舍人数：人/间 | | |
| B14 | 学校离实际住处的距离（千米） | | |
| B15 | 孩子原来在农村的学校距离农村住处（千米） | | |
| B16 | 您是否了解贫困寄宿生补助政策：①是；②否 | | |
| B17 | 您的孩子领取过寄宿生生活费吗？①是（＿＿元/月）；②否 | | |
| B17a | 以什么样的形式发放？①现金；②银行卡；③饭卡 | | |
| B17b | 您觉得以那种形式发放比较好？请说明理由 | | |
| B18 | 目前上学所使用的交通工具：①步行；②自行车；③家长接送（摩托车、电瓶车、自己开车）；④乘公交车；⑤其他（请补充） | | |
| B18a | 花费的时间分钟 | | |
| B19 | 孩子午饭在哪吃？①附近小饭桌②花钱在学校附近随便买点③自备（如果选此项，请回答 B19a）④免费午餐（选择此项，请完成表 BIII） | | |

| | 问题 | 答案 | 备注 |
|---|---|---|---|
| B19a | 上题选择"自备",请说明通常都准备怎样的菜? | | |
| B110 | 对学校食堂提供的午饭满意情况:①不满意;②满意 | | |
| B111 | 不满意的原因:①菜品单调,营养搭配效果差;②卫生条件差;③其他(请补充) | | |
| B112 | 孩子上个学期的班级排名:①前 10 名;②11～30 名;③30 名以后 | | |
| B112a | 孩子随迁到县城之前的班级排名:①前 10 名;②11～30 名;③30 名以后 | | |
| B113 | 您是否了解免借读费政策? ①是;②否 | | |
| B113a | 子女上学还在交费吗? ①是;②否 | | |
| B113b | 分别是:20＿＿年费元/学期(可补充) | | |
| B114 | 给孩子交过借读费吗? ①是;②否 | | |
| B114a | 分别是:20＿＿年元/学期(可补充) 如果选择"否",是20年停交的 | | |
| B115 | 您的孩子最初来到县城上学的时候是在现在这个学校吗? ①是;②否 | | |
| B115a | 原来在县城哪个学校?哪年在县城转的学?＿＿年 | | |
| B115b | 通过什么途径转学的(可多选):①熟人;②交借读费(元);③其他(比如交了借读费以外的钱) | | |
| B116 | 孩子升学的话,您预计选择:①在随迁地继续读(选此项请跳过 B116a);②将子女迁回农村读 | | |
| B116a | 打算迁回农村的原因:①迁入地经济负担太重,高中还有学费要负担;②由于户籍限制不得不迁回;③担心孩子学习压力太大;④其他(请补充) | | |

## BII 普通农村儿童表

| | 问题 | 答案 | 备注 |
|---|---|---|---|
| B21a | 子女性别 | | |
| B21b | 年龄 | | |
| B21c | 就读年级 | | |
| B21d | 哪年迁回农村(从未出村读过书的自动跳过此题,并回答 B214) | | |
| B22 | 就读学校类型:①中心小学;②村小(完全);③村小(非完全);④教学点 | | |
| B23 | 就读学校类型:①中心中学;②职业中学;③其他 | | |
| B24 | 是否寄宿:①是;②否 | | |
| B24a | 宿舍人数:人/间 | | |
| B25 | 学校离实际住处的距离(千米) | | |
| B25a | 撤并以前____公里(如果没有经历过撤点并校的,自动跳过本题) | | |
| B26 | 上学所使用的交通工具:①步行;②自行车;③家长接送(摩托车、电瓶车);④校车;⑤其他(请补充) | | |
| B26a | 花费的时间(分钟) | | |
| B27 | 孩子午饭在哪吃?①附近小饭桌;②花钱在学校附近随便买点;③自备(如果选此项,请回答 B27a);④免费午餐(选择此项,请完成表 BIII) | | |
| B27a | 上题选择"自备",请说明通常都准备怎样的菜 | | |
| B28 | 对学校食堂提供的午饭满意情况:①不满意;②满意 | | |
| B28a | 不满意的原因:①菜品单调,营养搭配效果差;②卫生条件差;③其他(请补充) | | |

| | 问题 | 答案 | 备注 |
|---|---|---|---|
| B29 | 孩子上个学期的班级排名:①前 10 名;②11 ~ 30 名;③30 名以后 | | |
| B210 | 子女上学还在缴费吗? ①是;②否 | | |
| B210a | 分别是:20＿＿年费元/学期(可补充) | | |
| B211 | 您是否了解贫困寄宿生补助政策:①是;②否 | | |
| B212 | 您的子女得到过寄宿生生活费补助吗? ①是元/月;②否 | | |
| B212a | 以什么样的形式发放? ①现金;②银行卡;③饭卡 | | |
| B212b | 您觉得以那种形式发放比较好? 请说明理由 | | |
| B213 | (此题针对未选择寄宿制学校的家庭)如果有这项补贴,您是否会选择让孩子寄宿? ①是;②否 | | |
| B213a | 如果上题选择"否",请说明原因 | | |
| B214 | 将子女迁回农村上学的原因? ①县镇学校学生太多,教育质量并不见得好; ②子女无法融入那个学校的环境;③子女跟不上那里的课程;④工作太忙没法照顾孩子;⑤经济压力太大;⑥其他原因(请详细说明) | | |

## C. 农村义务教育需求及政策评价

| | 问题 | 答案 | 备注 |
|---|---|---|---|
| C1 | 您觉得什么教育资源是最重要的(请按重要性从大到小排序) ①教师;②教学设备;③课程设置;④同班同学 | | |

| | 问题 | 答案 | 备注 |
|---|---|---|---|
| C2 | 您最希望改进的农村学校条件（按照重要性从大到小排列）①校车；②教师；③校舍；④教学设备；⑤课程设置；⑥宿舍条件；⑦其他（请补充） | | |
| C3 | 您觉得"撤并教学点"政策是否合理？①是；②否（选择"是"跳过 C4 题） | | |
| C3a | 选择"否"的原因：①孩子上学远，交通安全问题严重；②教师流失，农村教育质量更差了；③要缴纳校车费用，经济负担加重；④其他（请说明） | | |
| C4 | （此题针对仍在农村上学的儿童）会不会把孩子迁至城镇上学？①会；②不会（选择此项跳过 C6 题） | | |
| C5 | 有这个想法的原因？①家里另外的子女将进城上学，一起照顾比较方便；②城镇教育质量好；③目前孩子就读的学校离家太远，接送不方便也不安全；④身边的家庭子女都去县城上学了；⑤父母都外出打工，将孩子带在身边可以得到更好的照顾；⑥其他（请补充） | | |
| C6 | （针对随迁家庭）把孩子迁至城镇上学的主要原因？①父母工作需要，在家无人照料；②城镇教育质量好（即使家里有人照料也随迁至城镇读书）；③撤并后学校离家太远，接送不方便也不安全；④身边的家庭子女都去县城上学了；⑤家里还有其他孩子在县镇上学，一起照顾比较方便；⑥其他（请补充） | | |
| C7 | （针对随迁家庭）会不会将孩子迁回农村就学？原因是？①县镇学校学生太多，教育质量并不见得好；②子女无法融入那个学校的环境；③子女跟不上那里的课程；④工作太忙没法照顾孩子；⑤经济压力太大；⑥其他原因（请详细说明） | | |

## D. 家庭收入和教育支出情况（分为家庭收入情况表 DⅠ，迁移儿童家庭支出情况表 DⅡ，普通农村儿童家庭支出情况表 DⅢ）

### DⅠ 家庭收入情况表

| | 问题 | 答案 | 备注 |
|---|---|---|---|
| D11 | 外出务工的收入（寄回家的钱） | | |
| D12 | 耕地收入（如没有转包出土地的情况，请跳过 D13 - D15 题；如没有土地被征用情况请跳过 D16 题） | | |
| D12a | 其中:种植种类 1 收入 | | |
| D12b | 种植种类 2 收入 | | |
| D12c | 种植种类 3 收入 | | |
| D12d | （可在此继续补充） | | |
| D13a | 其中:转包出的土地（亩） | | |
| D13b | 转包平均租金 | | |
| D13c | 转包收入（元/年） | | |
| D14 | 土地征用补偿款（如果没有土地被征用的情况，填 NA） | | |
| D15 | 各项补贴收入 | | |
| D15a | 其中:残疾人津贴 | | |
| D15b | 高龄老人补贴 | | |
| D15c | 独生子女奖励 | | |
| D15d | 军属优抚补贴 | | |
| D15e | 救灾救济（包括实物折现） | | |
| D15f | 医疗救助（包括实物折现） | | |
| D15g | 住房、租房补贴（具体说明） | | |
| D15h | 子女教育补贴或奖励 | | |
| D15h1 | 其中（请补充）:寄宿生活费 | | |

续表

| | 问题 | 答案 | 备注 |
|---|---|---|---|
| D15h2 | | | |
| D15h3 | | | |
| D15h4 | | | |
| D15h5 | | | |
| D15h6 | | | |
| D16 | 最低生活保障（如果不是低保户填 NA） | | |
| D17 | 年收入区间：①1000 元以下；②1000～2000 元；③2000～5000 元；④5000 元以上 | | |

### DⅡ 迁移儿童家庭支出表（注：D21 系列问题包括迁移儿童及与其共同生活的家长的花销，如寄养在亲戚家，则只回答 D21，D22～D210 指的是子女个人花费）

| | 问题 | 答案 | 备注 |
|---|---|---|---|
| D21 | 如果寄养在亲戚家,支付的寄养生活费用元/月（包括以下所有花销的,未寄养在亲戚家则分别回答 D21a～D21e） | | |
| D21a | 食品现金支出（如果孩子寄宿或不回家吃午餐,此项食品支出将只包括与其同住的家长的花销） | | |
| D21b | 房租支出 | | |
| D21c | 通信支出（包括电话费、邮寄费和网费） | | |
| D21d | 水、电、煤气和物业等支出 | | |
| D21e | 杂项商品、服务及其他（包括洗理、卫生用品、日杂和小电器等） | | |
| D21f | 交通支出（家长支出,包括汽油费） | | |
| D22 | 衣着支出 | | |
| D23 | 营养保健支出 | | |

续表

| | 问题 | 答案 | 备注 |
|---|---|---|---|
| D24 | 交通支出(子女交通费) | | |
| D25 | 报刊等文娱支出 | | |
| D26 | 旅游支出 | | |
| D27 | 家庭设备支出(大宗耐用品) | | |
| D28 | 教育支出 | | |
| D28a | 其中:班费 | | |
| D28b | 教辅 | | |
| D28c | 课余活动 | | |
| D28d | 体检 | | |
| D28e | 保险 | | |
| D28f | 伙食(①学校食堂;②小饭桌) | | |
| D28g | 校车费用(如果有) | | |
| D28h | 补习班 | | |
| D28i | 住宿费(单位:元/年,一年按200天算,如果寄宿的话) | | |
| D29 | 子女零花钱 | | |
| D210 | 其他(如校服,请补充) | | |

## DIII 普通农村儿童家庭支出表 (其中：D31 是整个家庭的花费，D32 ~ D37 是子女的花费)

| | 问题 | 答案 | 备注 |
|---|---|---|---|
| D31a | 食品现金支出(如果孩子寄宿或不回家吃午餐,此项食品支出将只包括家长的花销) | | |
| D31a1 | 其中:自产自销食品约合现金金额(粮、油、菜) | | |
| D31b | 交通支出(包括汽油费) | | |
| D31c | 通信支出(包括电话费、邮寄费和网费) | | |
| D31d | 水、电和煤气等支出 | | |

续表

| | 问题 | 答案 | 备注 |
|---|---|---|---|
| D31e | 杂项商品、服务及其他(包括洗理、卫生用品、日杂和小电器等) | | |
| | | | |
| D32 | 衣着支出 | | |
| D33 | 营养保健支出 | | |
| D34 | 报刊等文娱支出 | | |
| D35 | 旅游支出 | | |
| D36 | 家庭设备支出(大宗耐用品) | | |
| D37 | 教育支出 | | |
| D37a | 其中:班费 | | |
| D37b | 教辅 | | |
| D37c | 课余活动 | | |
| D37d | 体检 | | |
| D37e | 保险 | | |
| D37h | 伙食(①学校食堂;②小饭桌) | | |
| D37i | 住宿费(元/天,一年按 200 天算,如果寄宿的话) | | |
| D37j | 校车费用(如果有) | | |
| D37k | 补习班 | | |
| D38 | 零花钱 | | |
| D39 | 其他(如校服,请补充) | | |

## 问卷结束，感谢您的大力支持！

图书在版编目（CIP）数据

贫困地区农村基础教育资源配置公平性研究/余漫
著.—北京：社会科学文献出版社，2015.7
（国际减贫与发展丛书）
ISBN 978 - 7 - 5097 - 7801 - 2

Ⅰ.①贫⋯　Ⅱ.①余⋯　Ⅲ.①贫困区 - 乡村教育 - 基
础教育 - 教育资源 - 资源配置 - 研究 - 中国　Ⅳ.
①G639.2

中国版本图书馆 CIP 数据核字（2015）第 156251 号

国际减贫与发展丛书
贫困地区农村基础教育资源配置公平性研究

著　　者/余　漫

出　版　人/谢寿光
项目统筹/周　丽　蔡莎莎
责任编辑/陈凤玲　陈　欣

出　　　版/社会科学文献出版社·经济与管理出版分社（010）59367226
　　　　　　地址：北京市北三环中路甲 29 号院华龙大厦　邮编：100029
　　　　　　网址：www.ssap.com.cn
发　　　行/市场营销中心（010）59367081　59367090
　　　　　　读者服务中心（010）59367028
印　　　装/三河市东方印刷有限公司

规　　　格/开本：787mm × 1092mm　1/16
　　　　　　印张：11.75　　字数：122 千字
版　　　次/2015 年 7 月第 1 版　2015 年 7 月第 1 次印刷
书　　　号/ISBN 978 - 7 - 5097 - 7801 - 2
定　　　价/55.00 元